デミーンの自殺者たち

独ソ戦末期にドイツ北部の町で起きた悲劇

Les suicidés de Demmin: 1945, un cas de violence de guerre

Emmanuel Droit

エマニュエル・ドロア　剣持久木／藤森晶子＝訳　川喜田敦子＝解説

人文書院

Emmanuel DROIT
LES SUICIDÉS DE DEMMIN
1945, un cas de violence de guerre

日本語版刊行に寄せて

二〇二一年九月に刊行された本書は、第二次世界大戦末期の比較的知られていない出来事をフランスの読者に知ってもらうために書かれたものであった。一九四五年五月初めにドイツ北西部の小さな町は、ドイツ史上最大規模の集団自殺の舞台になった。この途方もない悲劇を知ってもらうことで、ある時間的、空間的そして心理文化的な状況が、いかにして制御不能な暴力空間への道を開き、数百人もの市民が自殺するに至ってしまったのかについて、読者に考えてもらうのが狙いだった。たしかに事件の史料は散逸し、断片的にしか残っていなかったが、それでもそれらの史料は、最悪の暴力経験を可能な限り近くで理解し、戦後数十年間にわたって沈黙を強いられてきた証人たちに語らせる機会を与えてくれた。彼らの証言は、東ドイツ共産党体制の下では許されていなかったのである。

翻訳を通して本書が日本の方々に届く機会となることは、読者間で特別で自由な人間関係が結ばれるまたとないチャンスとなるだろう。このことは、地理的な距離や、第二次世界大戦の記憶をめぐるヨーロッパとアジアの間の特性の違いをも超えるものである。

実際、剣持久木教授による本書の翻訳は、人類の惨劇をめぐる議論を活発化させる可能性をもたらすことでわれわれをつなげてくれる橋のようなものである。というのはこの惨劇は、それが軍によるものであれ市民によるものであれ、暴力についての普遍的な謎にわれわれを対峙させるからである。どのような状況で、民間人に対する暴力は吹き荒れることになったのか。いつ、そしてどのような論理で、自殺が、多くの人の目に現実的な選択肢として現れるようになったのか。共産党独裁体制の下で沈黙を強いられた生存者たちは、どのようにトラウマを克服してきたのか。

本書が提起した問題は、ナチ・ドイツに固有のものではない。それは第二次世界大戦末期において国土防衛に結びついた実存的課題を突きつけられ、軍部によって自己犠牲を求められていた日本人にも関わるものである。このように、これらの問題には普遍的な一面はあるものの、当然のことながら、それぞれの受容の論理の中に位置付け直す必要がある。

翻訳とは、それぞれの文化からテキストを読み解く異文化間作業でもある。つまり、デミーンの自殺者たちの歴史は、当然、自殺や戦争についての日本の文化に照らし合わされて理解されることになる。日本の読者は、固有の参照対象、文化表象、そして価値体系の中に組み込まれているはずである。デミーンの悲劇は、おそらく、一九四五年七月にサイパン島北端のマッピ岬で繰り広げられた自殺欲動の出来事を思い起こさせるだろう。より広く捉えるならば、ドイツの事例で出てきた場所、登場人物、描いてきた暴力の連鎖は、日本人の個人史や家族史と多くの潜在的な接点があるかもしれない。

本書が提示した問題群から、日本の読者には戦時の暴力についての自分たちの見方と、フランスの歴史家との見方とを突き合わせてもらいたい。そうすることで、第二次世界大戦の最後の数週間についての新たな理解を得てもらうことを願っている。

エマニュエル・ドロア

ストラスブールにて、二〇二二年一〇月八日

目次

終　章　第二次世界大戦史の中のデミーン　157

前書き

「暴力の謎」に立ち向かう

「彼らは何年も出ていっていたのに、今や、前よりもしょっちゅう舞い戻ってきている。川底であの死体たちが騒がしい。(1)」

ヴェレーナ・ケスラー『デミーンの亡霊たち』

本書は第二次世界大戦の歴史、そしてより広くは戦時下で起きる暴力の歴史に関心をもっている読者に、ドイツの小さな町の数日間を追体験することを提案するものだ。フランスの読者には知られていないが、この町は二つの悲劇が重なる事件の中心にある。その町は、一九四五年四月三〇日から五月四日までの五日間、赤軍兵士が犯した戦時暴力の舞台であると同時に、ドイツ史上最大規模の集団自殺の現場でもあった。四月中旬以来、デミーンは避けることのできない赤軍の進軍を待ち受けていた。その進軍は、一九四一年六月に火ぶたが切られ、その暴力性の規模において類例を見ない第三帝国とのあの戦争を終結させることとなる最後の大攻勢の中で一九四五年一月から開始されていた。親衛隊（ＳＳ）部隊の監視のもとで、大半は女性、子供、高齢者の町の住民と東プロイセンからの避難民は数ヶ月以来、二キロにわたる堀を掘らされていた。その東側には対戦車柵が建てられた。これらの防御策がソ連軍の進行速度を緩め、あわよくば阻止するのではないかと思い、そう信じたがった者もいれば、形勢の逆転がありうるとの希望を捨てておらず、公式プロパガンダがこれから起きると言っていた奇跡をあくまで願う者も、多くはないがいた。しかし大半の者はくたびれ果てていて、時としてこの世の終わりといった雰囲気に包まれる中、この戦争が終わるのをただただ不安な気持ちで待っていた。このような待ちの状態がしまいには悲劇となってしまったのだ。

最悪状況に溢れたこの悲劇の歴史は(2)、終戦後には沈黙を強いられ、東ドイツの時代には、独ソ友好の名の下に、「都合の悪い記憶」(リクール)へと変容させられてしまった。このトラウマは、集団的には抑圧され、個々人としても肉体や脳の中に肉体的、心理的傷跡の形で残ることがあったが、それも今では過去のものとなり、一九九〇年代半ばからは地元でも地域全体でも記憶の場になっている。ここ一五年ほどは、それはこの地方に根ざし、ドイツの民間人の苦悩の記憶を道具化しようと腐心する極右運動による政治的回収の企ての対象にすらなっている。

デミーンでの一九四五年五月の数日についての本を書くことは、ドイツの歴史家イェルク・バベロフスキが「暴力の謎(3)」と呼ぶものに立ち向かうことである。この暴力についての文書史料の中に飛び込むというのは、この体験を即時あるいは後から、遠回しあるいは直接的に、ありのままにあるいは復元的に、裏付ける生存者たちの証言の探求に出発するということである。これらの暴力についての文書史料に浸るというのは、無法状態に陥った赤軍兵士に相対したデミーンの住民や避難民の実存的軌跡をできるだけ近くで再構築しようとすることである。そこではシュナップスの瓶が飲み干され、扉が押し破られ、家屋が略奪、放火され、肉体は犯され、あるいは自ら命が断たれた。この暴力についての文書史料に沈潜するということは、希少で、欠落が多く、ドイツ各地に散らばっている文書のコーパスから、魅了されすぎたり拒否反応を起こしたりすることなく、覗き見志向や矮小化には陥らずに、野蛮な実行手段の跡を探すことである。最後に、暴力が身体や性的なものであれ、その暴力についての文書史料に沈潜するということは、それらをより良く理解するために一定の距離を置こうとすることである。しかし俯瞰的に眺める位置に身を置くからといって、ミクロヒストリーや民族誌学的なアプローチを禁じるわけではない。「地面すれすれ」に視座を据えるとは、証言者たちが残した筆跡をじっと見つめることである。それは、フランスの歴史家ロジェ・シャルティエの言葉を借りれば「目で死者の声を聴く」ことである。そうすることで、悲劇の力学に向けた崩壊点である出発点の布置、つまり、他者の肉体——大半が女性の肉体——だけでなく、おのれ自身の肉体、自分の妻や子供たちの肉体に対して向けられた暴力に歯止めがかからなくなった有り様を、できるだけ近くで把握していきたい。

これらの方法論的原則は、暴力のミクロヒストリーという本書の企図の基礎となっているロードマップである。本研究には一般化の野心はないが、ごく短期的シークエンスの分析をすることは、数週間、数ヶ月更には数年の長期にわたって繰り返し、又は継続して起こりうる力学をよりよく理解する機会を与えてくれる。その上、たとえデミーンがこの破壊的戦闘の最終盤に起こった例外的なケースだとしても、この事件の分析がこの戦争全体についてのより良い理解を可能にしてくれる。どんなに些細であれ、細部に注目することは、個別の布置から行動に移る論理に光を当て、単純化や一般化しすぎた因果関係の説明を避けることができるはずである。本書の目的は、「二度と繰り返してはならない」の名の下に倫理的な教訓を引き出すことではなく、極端な暴力の爆発を引き起こした状況をさらにしっかりと見極めることである。

エマニュエル・ドロア

ストラスブールにて、二〇二一年七月一日

（1）Verena Kessler, *Die Gespenster von Demmin*, Munich, Hanser Verlag, 2020, p. 15.

（2）このテーマに関しては、以下の書のとりわけ五章を参照されたい。Christian Ingrao, *Le soleil noir du paroxysme. Nazisme, violence de guerre, temps présent*, Paris, Odile Jacob, 2021. Voir notamment le chapitre V, « Le suicide comme sortie de guerre paroxystique », p. 181-209.

（3）Jörg Baberowski, *Räume der Gewalt*, Francfort/Main, Fischer Verlag, 2015, p. 17.

「日記よ、久しぶり。今日はたくさん、たくさんの恐ろしいことを書かなくては。四月三〇日から私たちはロシア軍に支配されていた。そうしてある日、それは起きてしまった。(1)」

ヘレーネ・ザックの戦中日記
一九四五年六月一一日

「自殺した人たち。彼らは生きる方向を見誤ってしまった。(2)」

ヘートヴィヒ・ギーゼラーの日記
一九四五年五月

（1）Helene Sack, *Warten auf Bruno. Kriegstagebuch, 1939-1946*, Demmin-Braunschweig, Neubrandenbourg, Geros Verlag, 2000, p. 88

（2）Tagebuch Hedwig Gieselers, cité par Heinz-Gerhard Quadt, « Erinnerungen », non paginé.

序章

悲劇が流れ込んだデミーン

デミーンは小さな町である。フォアポンメルンに広がるメクレンブルク湖沼地帯に位置している。この町の存在が初めて確認されるのは一一世紀半ばで、グライフスヴァルトやシュトラールズントといった町が現れるよりずっと前のことだ。作家で法律家のハインリヒ・シュタールが一九世紀半ばに収集した地元の民間伝承によると、この町が築かれたのは中世で、今日では廃墟と化している「デミーン館《ハウス・デミーン》」と名付けられた古い城砦の南東にあった。この城砦は二人の姫君によって建てられたとする言い伝えが残っている。愛の絆で結ばれた姉妹は、お互いの共有財産を尊重しようと公式の場で誓ったという。そうするために使われたとされる宣誓の言葉 Dat Hus ist din und min《ダット・フス・イスト・ディン・ウント・ミン》(1)、フランス語に訳すと「この館はそなたとわらわのもの」が町の名前の由来になったそうだ。

ポンメルン地方では、デミーンといえば、三つの川が流れる地方《ドライシュトロームラント》の中心にあることで知られている。実際、町には、三本のさほど大きくない川が落ち合うという地形的特徴がある。この三本の川は本書で中心的な役割を果たしていくことになる。北西にはトレーベル川、南東にはトレンゼ川があり、その両方が流れ込むペーネ川は、町を突き抜け、海沿いのウーゼドム島に達し、バルト海に注ぐ。全長一七五

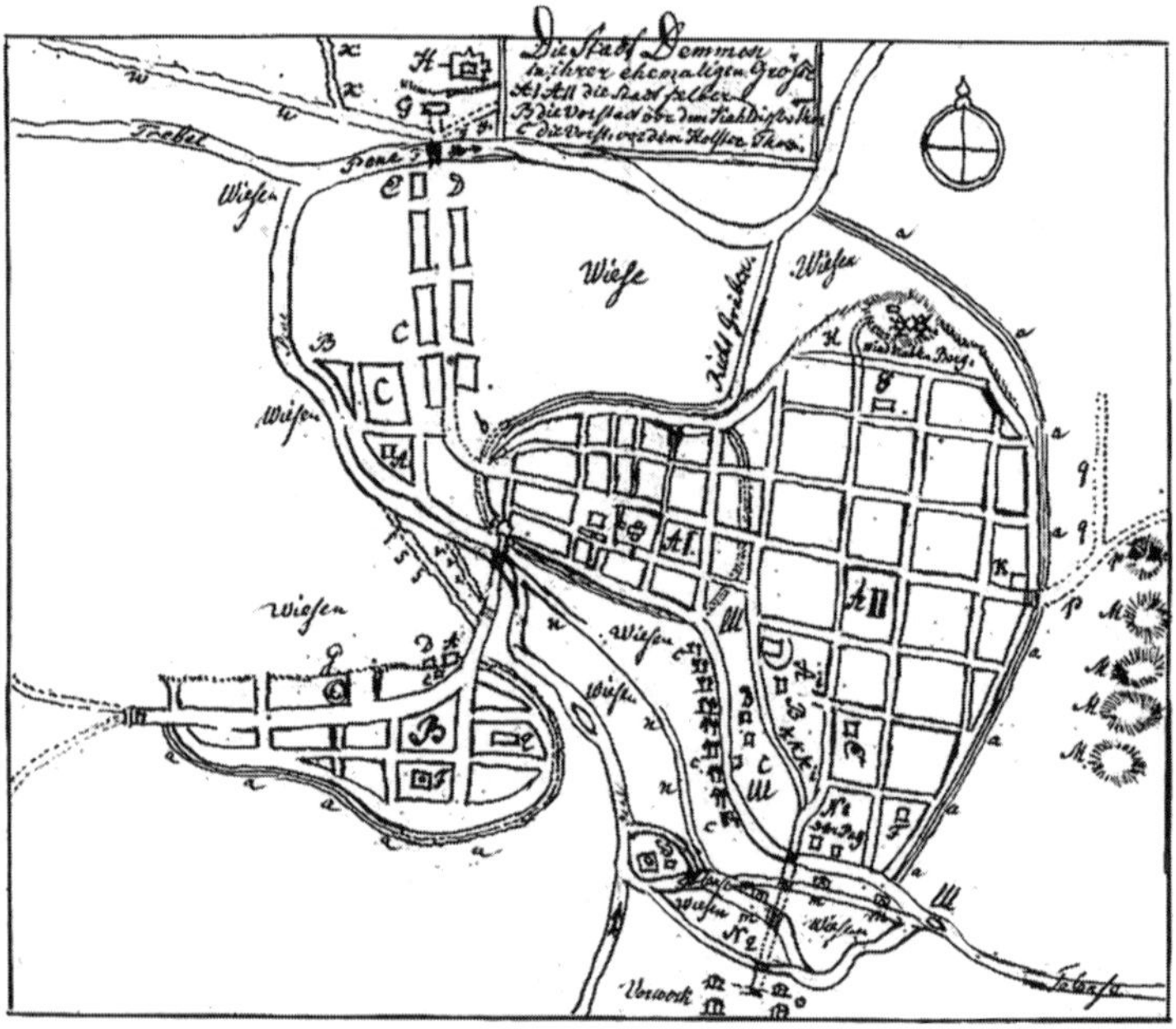

デミーンの市街地図（1769年、作者不明）（Demminer-Heimatverein e. V）

キロの河川であるペーネ川の蛇行が最も際立つのは、ちょうどデミーンにおいてだ。弧を描くように蛇行する川に囲まれた町の歴史的中心部は、四つの門と二七の物見櫓のお陰で近代を通じて守られ続けた。

　このような自然条件に加えて、蛇行によって複雑化した網の目のような水路のため、中世にはすでに、住民たちは、城壁の内側で移動できるよう木造の橋を一〇本ほども架けなければならなかった。一九世紀に行われた整備事業では、ほとんどの蛇行地点を干上がらせるに至っている。結果、産業革命で拡大し改造された中世都市に残った橋は、ペーネ川とトレンゼ川に架かり、デミーンとドイツ北東部の大都市とを結ぶ数本のみとなった。ヴィルヘルム皇帝時代に建設された鉄道橋は、南北の幹線を成し、町はベルリンと繋がるようになった。主要な道路橋のマイエンクレープス橋は、一九二〇年代に建設されたアーチ橋だった。北側にあるこの橋により、町はグライフスヴァルトやバルト海方面に開かれた。二番目に主要なカールデン橋は、鉄とコンクリートでできた可動橋だった。町の南西に位置し、ロストック方面へとつながっていた(2)。

一三世紀から一七世紀、川の合流地点のデミーンは繁栄を極め、力を持ったハンザ同盟の活気ある商業的要衝でもあった。この地は、ベルリンから二時間の道のりにあるが、かつてリューベックからシュテティーンという東西を結ぶ交易上の幹線道路の重要な宿場町だった。今日でもなお、国道110号線は昔のレギア街道、すなわちケーニヒス街道の道筋を通っている。プロイセンの建築家シンケルによって修復された内陣と祭壇のある聖バルトロマイ教会と、一九九〇年代初頭から大規模に修復された歴史的中心部は、かつての豊かさを物語っている。

中世には繁栄を保っていたデミーンだが、近現代になると、その交差路という恵まれた立地のために、繰り返し大規模な紛争にも巻き込まれてきた。三十年戦争や一六五九年の第一次北方戦争では、町は何度も包囲され焼き払われた。皇帝軍、ブランデンブルク軍、スウェーデン軍の占領を相次いで経験し、一七二〇年に完全にプロイセンの町となった。ロシア皇帝ピョートル一世とスウェーデン王カール一二世が対立した一七〇〇年から一七二一年の第二次北方戦争では、町は一時期ロシア軍に包囲された。そして一八〇七年から一八一二年には今度はナポレオン軍が、ロシアへの悲劇的遠征に向かう前に町を占領した。一八六〇年から一九二〇年、町はプロイセン軍の歩兵部隊を迎え入れた。現在も二つの兵舎があるのはその名残である。この部隊は、ドイツ統一戦争において(一八六四年－一八七一年)、なかでも一八七〇年夏と秋のグラーヴロットの戦いとメス包囲の際には目覚ましい活躍をした。

要するに、デミーンは長いこと戦争を経験してきていた。そして、第二次世界大戦の最末期に起きた悲劇的出来事の傷跡をいまだに背負っている。デミーンはフランスでは一般的には知られていないが、受難の町とされている。といっても、コヴェントリー、ロッテルダム、ドレスデン、ワルシャワ、レニングラード、広島と同じ意味ではない。町が破壊されてしまったのは、英米軍の大規模空爆のためでも、籠城戦や通常戦力間の激烈な軍事的攻防によってでもなかった。町は世界から切り離され、一九四五年四月三〇日、最後まで残っていたドイツ国防軍や親衛隊の部隊からも、現地行政当局からも見捨てられてしまった。歴史的中心部は、赤軍に略奪され、八〇％近くが火災で消失した。今でも火災の原因はすっぽりと謎に包まれている。町の住民は地下倉庫に身を潜めていたものの、略奪と強姦の犠牲となった。だが、一九四五年四月三〇日から五月四日にかけてにデミーンで繰り広げられた惨劇は極めて特殊である。なぜなら、フランスのマイエ(訳注1)、オラドゥール＝シュル＝グラヌ(訳注2)、東プロイセンのネマースドルフ(訳注3)、イタリアのマルツァボット(訳注4)、ギリシャのディストモ(訳注5)やドメニコン(訳注6)のような村で起きた全面戦争の暴力の枠組みからは大きく外れていたからだ。デミーンは、一九四五年春の数日間、ドイツ史上最も大規模な集団自殺の場と化したのだった。

　一九四五年春の数日間におけるデミーンを対象とした本書は、時間と場所を極めて限定している。本書は六章構成で、接眼レンズのついた顕微鏡のごとく、この悲劇的経験へと徐々に近づいていくことになろう。第一章では、どのように個人の経験が集められ、この出来事のあらゆる面を把握させてくれる証言の総体を構成するようになったのかを示していく。第二章は、戦争の終結と結びついた表象と苦悶という全般的問題と共に、第三帝国とドイツ社会との間で結ばれたこのような「犠牲の契り」についても考察する。第三章はドイツ市民やドイツ兵だけでなく、ソ連兵の戦争末期の声もそれぞれ紹介する。

一九四四年一〇月に起きたネマースドルフ村の虐殺を分析することで、この事件に前触れがあったと言えるかどうか問うてみることができるだろう。続く二つの章では、デミーンの町が無秩序で逃げ道のない空間に変容し、暴力が荒れ狂い、全く歯止めがかからなくなるに至った様子について論じる。最終章では、この悲劇の余波を分析し、いまだに癒されない記憶を道具として利用しようとする動きに注目する。

(1) Jodocus Donatus Hubertus Temme, *Die Volkssagen von Pommern und Rügen*, Berlin, Nicolaïsche Buchhandlung, 1840, p. 171.
(2) Joachim Braun, *Umkämpft, zerstört, eingestürzt. Die Brücken in Vorpommern*, Norderstedt, BoD, 2019, p. 26-44.

(訳注1) フランス西部アンドル＝エ＝ロワール県の小村。一九四四年八月二五日に、住民のレジスタンス活動への加担に対する報復として、ドイツ軍が住民の三分の一の一二四人を虐殺している。

(訳注2) フランス中部オート＝ヴィエンヌ県の小村。一九四四年六月一〇日、連合軍のノルマンディ上陸に対応して移動中の武装親衛隊が、住民ほぼ全員の六四二人を殺害した。破壊された村は当時のまま、現在も保存されている。

(訳注3) 本書七四頁を参照。

(訳注4) イタリア北部エミリア＝ロマーニャ州の町。一九四四年九月二九日から一〇月五日にかけて、レジスタンスからの攻撃への報復として、武装親衛隊が住民七七〇人以上を虐殺している。

(訳注5) ギリシャ中部、中央ギリシャ地方の町。一九四四年六月一〇日、パルチザンからの攻撃の報復として武装親衛隊が、住民二一八人を殺害している。

(訳注6) ギリシャ中部、テッサリア地方の町。一九四三年二月一六日、一七日にギリシャ占領中のイタリア王立軍が、ゲリラからの攻撃への報復として、民間人男性一七五人を処刑した。

第一章　暴力の経験から語りの形成まで

デミーンで起きたことを知ろうとする読者は、ページをめくるにつれ、途方もない事件にもろに見舞われた、当時大人だったり、子供だったり、思春期だったりした目撃者たちに出会うことになるだろう。(1)その出来事はあまりに強烈だったために、二重のショックを生んだ。もともとは出来事の前後での強い断絶の気持ちだったショックは、被害者たちに、意味への挑戦、言い換えれば、名付けられないものを名づけなければならないという難問にも直面させたのである。

しかし、事件があまりに凄まじく、時として物語にするという作業ができなくなることがあった。その時生じたのは、世代から世代に受け継がれうる恥の気持ちとセットになった沈黙である。

語られざるものがタブーにならなかった場合、目撃者や被害者はそれぞれの体験を文章にして書き留めようと試みた。それは私的な日記に残され、自伝的回顧録に書き入れられた。このような文書は、後に一九九〇年代になってから刊行されたり、(2)エメンディンゲンにあるドイツ日記資料館に収集されたりした。目撃者たちは、事件直後、すなわち数週間から数ヶ月後に、あるいは何十年も経ってから、回顧録という文学形式を借りて書き記した。そうすることによって、目撃者はトラウマ的事件を「救い出す」ことに苦慮すると共に、まともに見舞われ、五感のうちの視覚、嗅覚、聴覚、触覚という四つを襲った経験に意味を与えようとしたのである。個人の日記や回顧録は、体験の集積所であると同時に認識の母型であり、回復する手段としての役割を果たした。このお陰で目撃者は、苦しみを和らげるのではなく、苦悩に立ち向かい、恐怖の輪郭をなぞり、個人の全体の歩みの中にそれを位置づけることができた。これらの資料は個人の体験を示すものであり、そして、モードリス・エクスタインズが第一次世界大戦のケースで指摘するように、戦争とはまずは個人の物語が並べられ、それが数珠繋ぎになることで、「歴史」全体ができていく。(3) ドイツ再統一後に訪れた「記念行事《コメモラシオン》の時代」(ノラ)と「犠牲者間の競争」(ショモン)という二重の文脈において、ようやく、このような証言は、耳を傾けてくれる聞き手、心を打ちつつも残酷な重たい言葉をそのように受け止めてくれる聞き手に出会うことができたのである。

過去からの声に接し、それを批判的に分析することで、そのような声は多重的で、しかも矛盾を孕む物語を生み出していることに気づかされる。実際に、過去の声が語るかなりの事柄は噂に基づくにすぎず、そこから聞こえてくるのは、補完し合い、矛盾し合う証言の多声性である。筆者は、自伝的文献を検証することで、ソ連軍兵士が最初に到着した時間、町のどの名士がどんな職業に就いていたか、歴史的中心部を襲った大規模火災の原因などの要素を巡る食い違いを突き止めることができた。ソ連の将校たちが市場広場の薬屋に赤ワインで毒殺されたという話のように、風説に過ぎなかったことが、二〇〇〇年代初頭になって歴史的事実として認定されるに至ったものもある。

それぞれの語りの持つ時間的観点にはとりあえず留意する必要がある。なぜなら、これらの証言は実際にあったこと、ゆえに歴史の真実性というただ一つの基準に照らし合わされているとは限らないからである。(4) 語られたことの全て、口の端にかかった風評や噂話の全て、実体験、あるいは受け継がれた経験の全ては、戦争の終結を待ち望んでいるという特定の状況に、そして暴力の度合いが極めて高かったという全体的な文脈の中に置き直されなければならない。

これらそれぞれの語りとは、まずは本人とその周囲を表したものである。時に伝説という多少なりとも濃い霧に隠された事実が歴史として生成される文脈を超えて、本人たちの立ち位置が動くものであることも考えなければならない。あの一九四五年春、あの目撃者たちは皆デミーンにいた。その中には、一九九〇年代以降、歴史の証言者のみならず、戦争の悲惨さを訴えるという倫理的普遍的特性を持つ記憶請負人にまで変貌した人もいた。したがって、ずいぶん時間が経ってからの語りは、個人の思い出と集合的記憶とが交わるところでの社会的要求への応答としてもみなされるべきである。(5)

歴史家はこれらの証言を用いるにあたり、当初は明らかに存在していなかった機能を証言に与えてしまっていることも忘れてはならない。主観的語りは、たった一つしかない特異なものである。だからこそデリケートな経験を読者に伝えることができ、まるでその出来事が近親者に起こったかのように受け止めてもらえるはずだ。デミーンで起きた数々の暴力事件は、現場での臨床的な見方によってのみ分析されるべきではない。むしろ、これらの事件は、その予測不可能性と残虐性によって心身に打撃を与えた歴史的な惨劇としても理解されるべきである。このような二つの側面は、今日、疑問を投げかけたくなるようなある種の熱狂を生み出し続け、現在でもなお、その激しさによって揺さぶりをかけてくる。つまるところ、我々はこの事件に無関心ではいられない。なぜならこの種の暴虐的事件は、再び起こりうるからである。

読者が本書を読み進めていくにつれて出会う証言者たちの中には、ヘレーネ・ザックという女性がいる。彼女はフォアポンメルンの出身だが、二人の子供バーベルとゲルト＝グスタフを連れて一九四四年二月にデミーンに住み始めた。夫ブルーノは東部戦線にパイロットとして出征していたが、数週間も連絡がないままだったために、ヘレーネは不安に苛まれていた。(6) 戦争が終われば、いつの日か夫が二人の子供たちの成長をなぞることができるようにと、ヘレーネは夫のために一九四〇年九月から日記をつけていた。ヘレーネ・ザックは、デミーンの他の多くの住民のように心に傷を負っても重い沈黙の中に閉じこもるよりは、一九四五年六月一一日の日記の冒頭、つまり五月に起きた悲劇的事件の一ヶ月後にあたるが、その惨劇について書きつけることを選んだ。こうして一九四五年三月一七日以来書いていなかった日記を再開した。数十行というスペースに、ヘレーネは起きたことを言葉に置き換えようと試みている。辛い記憶の中にもう一度浸るのは困難であったにちがいない。書くことによってその記憶からもっと自由になりたいともがいていたのだろうか。それはまず心を整理する手段だったのかもしれない。まるで物語ることだけが、この理解不可能なカオスに少しでも意味を引き入れることができるかのように。だがヘレーネ・ザックの日記は、まだ整理されてもいないし、整合性もない。

八〇〇［のデミーンの住民］が共同墓穴の中にあったが、そこは後に一人一人のお墓に作り替えられた。全員ペーネ川で見つかった人たちだ。一家全員を紐で縛りつけ、泳げる人でも助からないようにした。ホルデン通りの商店の女主人が子供たちと入水した。彼女自身の溺死は未遂に終わったが、子供たちは違った。［中略］私たちはみんな希望を失っていた。(7)

ヘレーネ・ザックは早々と人数を挙げてはいるものの、まだ実際に整然とした話は紡ぎ出すことはできていないことが見てとれる。彼女が書きつけたページは、即時記憶に刻み込まれた衝撃的なイメージが、脈絡なく継起しているかのようである。文章はかなり強烈な短いフラッシュバックとイメージで構成されているようにみえる。水の流れ、溺れる子供の身体、紐、共同墓穴というように。また別の証言は、個々のケースから出発して、暴力と自殺の連鎖を描こうとした。ヴェルナー・クールマンがラインラントのギュータースロー収容所で捕虜となっていた頃のことだ。薬局を営むクールマン家で長らく使用人として勤務していたエルゼ・Rは、一九四五年一二月二八日、その家の薬剤師の息子へ宛てた手紙の中でおぞましい知らせを伝えている。惨劇からは数ヶ月が経っていて、それが起きる前に来ていた手紙への返信であった。エルゼ・Rは、クールマン一家、つまりヴェルナーの両親と一五歳の妹イルゼの自殺を説明するのに、理路整然とした話にするよう努めている。

親愛なるヴェルナー様

一九四五年二月二日付のお手紙を無事に受け取っています。どうもありがとうございます。元気にやっていらっしゃると知りとてもうれしいです。残念なことに、この間、悲惨な運命があなたに降り掛かりました。心苦しいのですが、これから悲しいお知らせをしなければなりません。一九四五年五月一日の朝七時、あなたの大好きなお母様と妹さんが毒を飲んで寝室で亡くなりました。とても大切なお父様は、炎に飲み込まれつつあった薬局の中で、銃で自死されました。(8)

イレーネ・ブレーカーは、惨劇から何十年も経ってからタイプして書いた回顧録を一九九七年に出版した。(9) この中で、入水した人数に限った部分的数字を挙げている。彼女は、事件当時は二三歳の若い女性だった。ソ連軍の進軍から逃れようと、シュテティーンの西方にあるゴルコウの実家を後にしていた。彼女は二歳の息子ホルガーの母親でもあった。一三〇キロを移動してきてデミーンに着いたのは四月の終わりで、この惨劇に立ち会うこととなった。

およそ六〇〇人がペーネ川に入り、その中には子供も多くいたとP医師が教えてくれた。医師は彼らを引き上げなければならなかった。そして遺体は川べりに並べられた。それでもまだ一日中、川岸に沿ってぷかぷかと浮かんでいる遺体が複数あった。(10)

ヘレーネ・ザックやイレーネ・ブレーカーが示した被害者の人数は、一九九〇年代、ハインツ＝ゲルハルト・クヴァートやウルズラ・シュトローシャイン(11)のような別の直接的、間接的証言者によって上方修正されている。二人は、それぞれ九〇〇人ないしは一〇〇〇人だと述べている。ハインツ＝ゲルハルト・クヴァートはデミーンに生まれ、事件当時は一四歳だった。惨劇の目撃者である彼も、一歩間違えば命を失っていたかもしれない。母親によって、命を断つため、ペーネの川べりに三人の弟と妹と共に連れて行かれるところまで来ていたからだ。思春期の少年だった彼は、一家心中をやめさせようと長い時間をかけて母親を説得し、町に戻ることができたのだった。(12)一九九〇年代、彼はデミーンの郷土史家となり、証言や文書を手がかりに、激動の日々についての記憶を語り継ぐことを使命としている。このようにして彼は、目撃者という立場から、歴史の証言者という立場に移り、記憶するという普遍的義務の下に行われる公共的闘争に加わることとなった。彼は、戦争の悲惨さを現代に生きる人々や未来の世代に証言するという使命にきっぱりと自らを捧げている。歴史的真実に多少の解釈を加えているのは織り込み済みだ。自分の歩みに歴史分析を重ね合わせ、数百人ものデミーンの住民がどんな方法を使って自殺したかをタイプ原稿においてリスト化した。ヘレーネ・ザックの日記やエルゼ・Rの手紙と異なり、やはり語りはずっと整理されている。彼は、自殺形態をほとんど事務的に目録にすることで、うまく恐怖に距離を置けている。説明的要素を加えるのはそれからだ。

デミーンにいた人々は、住人たちも数千人いた避難民も、パニックにとらわれた。火に包まれる町から脱し、死のうとして三本の川に飛び込んだ者。墓地に逃げ込んだものの静脈を切って自殺した者。自宅に残り、首を吊った者や毒をあおった者。［中略］死者数はこの数日間だけで九〇〇人に上った。(13)

このような初期の証言よりも先に進み、できるだけ正確な数字的推計を得て、この惨劇についてデータ収集を始めようとすれば、デミーンの市営墓地やデミーン市役所の持つ記録簿を閲覧する必要がある。市営墓地の方は、行われた埋葬の名簿を保管しており、市役所の方は一九世紀半ば以降の死亡者の記録簿を管理している。無論のこと、どちらの公文書にも個人的理由についての情報は記載されていないが、両行政機関ともに、第二次世界大戦史最大の自殺現場となった集団的暴力事件の一部は記録している。名前が記載されている数十ページは、一九四五年五月一日から四日の間にこの町で前代未聞の悲劇が起きたことを証明している。だがここに、公文書から算出できる総人数と、目撃者たちが文献で報告している人数との間には大きな差異があることが見てとれる。墓地と市役所の名簿を合わせてみると、五月についてだけでも、身元確認ができた人々と身元不明者の合わせて五〇〇人以上が、「溺死」、「毒死」、「首吊り」、「…によって首を絞めて」、「静脈を切って」という自殺による死因に記録簿では関連づけられている。このうちの七五％が、女性、思春期の若者、子供だった。しかし、当然のこと、これらの埋葬記録簿は全ての死亡を登録できてはいなかった。デミーンの区議会議員が州政府へ宛てた一九四五年一一月二一日の活動報告書では、州政府は、自殺者は七〇〇人以上であったとしている。[14]ヘレーネ・ザックは自身の日記で自殺者は八〇〇人としているのに対して、ハインツ＝ゲルハルト・クヴァートは自死の数は九〇〇人と見積もっている。一九九〇年代にデミーンの牧師ノルベルト・ブスケが作成した集計に従えば、死者数は一〇〇〇人は下らず、[15]その数は当時の町の総人口の五％以上にあたるという。惨劇の起きた時には九歳の子供だった彼は、職業学校の教師をしていた母親と祖父母と共に、聖バルトロマイ教会の隣の牧師館に住んでいた。父親は町の牧師だったが、戦争初期の一九三九年から従軍しており、戦争末期に東部戦線で捕虜となっていた。[16]イルムガルト・フォン・マルトツァーンは、デミーンから南東に十キロのところにある村であるファンゼロウの地主一家の出だ。彼女の回顧録では一二〇〇人もの自殺者がいたと語られている。[17]自殺者たちの記憶に関する章で後述することになるが、一〇〇〇人という犠牲者の数こそが、その圧倒的に強力な象徴性でもって、記念式典での演説において幅を利かせることになった。

この出来事の記憶は、長いこと抑えつけられ、避けられてきた。東ドイツ時代、この痛手を負った時期について話題にすることは不可能であり、禁止されていたからである。多くの人々は、心と身体に埋め込まれたこの傷を一度も思い出すことなく亡くなっていった。私的領域では、この記憶は、生存者や被害者の子孫がこれを恥じたことで埋もれたままであった。公的領域では、その記憶は、社会主義独裁体制に広められた独ソ間の友好関係を唱える公的イデオロギーという厚い膜で覆われていた。それでも一九四五年夏、聖バルトロマイ教会の墓地に何も彫られていない小ぶりなオベリスクを建てることは、ソ連側からも許されている。極めて目立たない方法ではあるが、この町で起きたことを忘れない必要性を喚起する試みだった。

とはいえ、封じられてきたつらい記憶は、現在という灰に燻《くすぶ》る薪の残り火のようなものだ。記憶とは現在における過去の存在でしかない。だから、記憶請負人は、状況が整えば、すなわち社会やメディアがその歴史に関心をもち、証言者たちの言葉を聞く用意があるという条件のもとに、記憶を呼び覚ましさえすればよいのだ。現実に、デミーンの惨劇は、何十年も経っていたのに、家族内や公的な沈黙という重たい覆いを破るための道筋を見出し、政治メディア的領域である種の認知を得た。往々にして、社会による認知の不在が個人のトラウマの核にある。デミーンの集団自殺事件は、闇に埋もれていた五〇年という歳月を経て、第二次世界大戦の終戦五〇周年記念関連行事の際に白日の下に晒された。地元紙『ポンメルン新聞』が証言を募集し、一九九五年四月一日にはウルズラ・シュトローシャインの回顧話を掲載した。これに続いて、目撃者や家族の記憶を受け継いでいる者など、何人かの住民が勇気を奮い起こし、エックハルト・ツァイツのように、個人的な体験を語るために市役所に手紙を書いたのである。[18]

牧師のノルベルト・ブスケは、手記や口頭での証言を収集することによって、地域レベルでこの惨劇について掘り起こすことに大きく貢献した[19]（自分自身の母親マリーアから始めた）。これに続いたのがジャーナリストや歴史家たちだった。彼らが二〇〇五年から二〇一五年にかけて、全国に知らしめ、博物館展示や学術研究の対象になっていく。こうして、二〇一一年にデミーンの地方博物館は一九四五年の集団自殺についての企画展示を主催した。この際、過激な右翼思想と闘う市民団体と共同でシンポジウムが開かれた。この動きがメディアに取り上げられるようになると、地方政治にしっかりと根を張る極右勢力が、この事件の記憶をどんどん利用するようになっていった。ドイツ国家民主党（NPD）がデミーンの犠牲者を偲んで行進を始めたのが二〇〇六年だったが、それ以来、行進は派手になる一方だ。二〇一五年にはドイツ人歴史家フローリアン・フーバーは、デミーンの惨劇を、第三帝国の崩壊に直面した「普通の人々」についてのより幅広い歴史調査の中に組み入れている。[20] その二年後、映画監督マルティン・ファルカスは、特にその頃まだ存命であった最後の証言者たちの語りに依拠しながら、『デミーンで生きることについて』というドキュメンタリー映画を製作し、想起《アナムネーシス》の企てを補完した。[21] デミーンの悲劇はまた、「ドイツ人相手の娘たち《ティスカーイエンテ》」の一人の運命を描いたトルーデ・テイゲによるノルウェーの小説の筋にも使われている。第二次世界大戦中ドイツ人兵士に身を任せたことで、一九四五年以降、侮辱と差別を受けていた何万人ものノルウェー人女性たちのことである。[22] ごく最近でも、ドイツ人女性作家ヴェレーナ・ケスラーは、一五歳の少年ラリーを純粋でまっすぐな視線から描き出している。ある老婦人は老人ホームに入るために自宅を出ようとしたとき、デミーンの亡霊たちに取り憑かれた。その老婦人が語る身の上話が姿となった過去の悪魔たちとラリーが格闘するという話である。[23]

だが、一九四五年春のデミーンで一体何が起きたのだろうか。一九四五年四月三〇日から五月四日まで、町は、赤軍第2白ロシア正面軍に属するバトフ将軍率いる第65軍[訳注1]の先頭で到着した部隊によって包囲された。一九四四年二月にはロコソフスキー元帥が統率した白ロシア領の解放に参画した軍である。この春の数日間、二重の意味で町は暴力空間と化してしまった。一方で、町は、ソ連軍部隊による戦時暴力（町の中心部での強姦、略奪、建物火災）の現場となった。その原因については「当たり前」でも「決まりきったこと」でもなく、正確に再構成され、説明されなければならないだろう。他方で、町は、ドイツ史上最大の大規模自殺の場となった。一九四五年春当時二万人を数えたデミーンの人口のうち、女性と幼い子供を始めとする数百人の人々は自ら死を選んだ。ドイツではより小規模の集団自殺は起きていたが、デミーンのそれは自殺者の数からして愕然とさせられる。一九四五年四月三〇日から五月四日までの間、なぜ町は赤軍と戦わずして「自殺横行」(24)の現場となってしまったのだろうか。この集団自殺はハインツ＝ゲルハルト・クヴァートが考えるように「パニック」が起きたせいなのだろうか。(25)集団自殺は意識されたかたちでの戦争の出口戦略だったのだろうか。ナチが広めていた終末論的イデオロギー言説は、デミーンの住人の集団的行動にどの程度影響を与えていたのだろうか。自害した者たちは、国民社会主義体制の崩壊後に生きることをよしとしなかったゲッベルス一家のような第三帝国の「著名な」自殺者たちと同じように扱うことができるだろうか。別の言い方でもっと直接的に表現するなら、自殺をする気になるような思想を持っていなければならなかったのだろうか。赤軍による暴力には、どの程度「目には目を、歯には歯を」という復讐法が実行されたものだったのだろうか。それで自殺がこのような件数に上ってしまったことの説明がつくだろうか。

これらの疑問に答えを出し、悲惨な日々に何が起きていたのかを理解しようとするために、本書の歴史調査では、ドイツ人の自伝的証言に、イヴァン・パナリンという一九歳のソ連側の戦車操縦兵が書いたフランスでは刊行されていない従軍記を重ね合わせてみる。(26)デミーンの事例をしっかりと文脈に位置付けるために、筆者は、ドイツ領に入ったソ連兵と対面した際にとるべき態度についてのナチ党幹部

（訳注1）現在のベラルーシ。ソ連崩壊まではロシア語でベロロシア、日本語では白ロシアと表記されていた。一九九一年のソ連崩壊に伴う独立に際して、ベラルーシ語の発音に近いベラルーシが正式な国名に変更されている。

の公式言説も分析した。また、一九四四年から一九四五年の間のドイツの世論に関するゲシュタポの監

視報告書、ハインリッヒ将軍の手記、(27) ヨーゼフ・ゲッベルスの日記、(28) トーマス・マンの日記(29)のおかげで、

デミーンの惨劇をもっと広い枠組み、すなわち一九四一年六月から一九四四年末までドイツがソ連で

行った破滅的戦争という枠組みに位置付け直すことができた。(30)

本書の課題は、この悲劇的エピソードの「細密な描写」をすることや「ドイツ人の自殺衝動」(31)に意味を与えることだけにあるのではない。筆者は民族史の豊富な資料を頼りに、クリスティアン・アングラオ(32)のようなナチによる暴力を専門とする歴史家たち、または、ラファエル・ブランシュ(33)のような植民地での戦時暴力が専門の歴史家たちがフランスで展開している歴史学的、認識論的議論に広い意味で加わるつもりである。クリスティアン・アングラオは、虚無主義的体制としての後期ナチズムとのドイツ人の関わりに目を向け、ラファエル・ブランシュは戦争という文脈において行使される身体への暴力という問いに取り組んでいる。本研究が理論的に依拠するのは、フランスでは翻訳がないためにまだあまり知られていない、いや全く知られていないとも言える、暴力の現象学に関する英米やドイツの最新の研究の成果である。(34) 一九九〇年代初頭のハインリヒ・ポーピッツ、(35) ヴォルフガング・ソフスキ、トルッツ・フォン・トローター(36)による理論と考察を踏襲し、アメリカ人社会学者ランドル・コリンズ(37)やドイツ人歴史家イェルク・バベロフスキ(38)の仕事を発展させた形の歴史学と社会学は、デミーンの事例をよりよく理解しようとするための豊かな概念ツールを与えてくれる。暴力は、ここでは一人の人間が他者の身体に致命傷を与える能力と意志として解され、ある一定の空間や感情のあり方に刻まれた力学的、相互作用的現象としてみなされている。暴力は、一定数の行為者たち(しかし全員ではない)が、力関係、その時の

感情の有り様、その分野での技量に応じて掴みうる一つの選択肢である。人間の条件《コンディティオ・フマーナ》の標準要素としての暴力という考え方を強調することで、そしてほとんどの場合（強制収容所や内戦や破滅的戦争という）ミクロの尺度を用いることで、これらの社会科学や人文科学の研究者たちは、出来事と原因との繋がりという根本的問いを提起し直すようにも導いてくれる。多くの研究者は、大概は無意識的だろうが、出来事の前段階に見受けられた考え、表象、態度という構造的原因を「自然に」関連づけ、個人の動機に機械的にそれを当てはめがちだ。まるでこの因果関係さえ分かれば、そのような人物ならば暴力行為に及んでもおかしくないと説明できるかのようである。これこそ政治学者ミシェル・ドブリが、政治危機に関する社会学の基本書となった彼自身の著作において「原因論的幻想」と呼ぶものである。(39)デミーンの事例から一九四五年四月三〇日から五月四日の五日間という短期間に絞り、因果関係を逆転させることで、集団自殺に至った暴力の力学を捉えたい。筆者は、暴力空間を描き出すにあたり、その起源がソ連兵の行動に関する一般的考えに基づくものであるという、無批判に適用されがちな説明を疑いもせず用いるつもりはない。この自殺現象を理解するために、デミーンという特殊な状況についての考察から出発したいのである。そこでは「無秩序の論理」(40)の存在に光を当てることになるだろう。つまり、世界から切り離された町での政治的軍事的秩序の不在という特徴がある状況と、暴力が猛威を振るってしまうことになった感情面での異常に高い緊張レベルのことである。

このように、暴力は、戦闘経験を積み重ねて「凶暴化した」兵士たち個人の復讐や捌け口の集合的論理が表出したものである前に、それはまず兵士、避難民、住人、女性、年配者、子供という様々な当事者を巻き込む空間的、時間的、感情的配置の中に位置づけられる。実行に移すかどうかは自明ではない。本書軍人や民間人を怪我させたり殺害したりしてきた、戦場慣れしたソ連兵にとってすらそうである。本書を通じて、筆者は暴力の原因に関しての考察よりも――他殺や自殺に動機付けは本当に必要だろうか――戦時の暴力行為と民間人の自殺の波を引き起こしえた特殊な空間的人間的状況の方に重きを置いて考察していきたい。

（1）Renaud Dulong, *Le témoin oculaire. Les conditions sociales de l'attestation personnelle*, Paris, EHESS, 1998.

（2）H. Sack, *Warten auf Bruno*, *op. cit.*

（3）Modris Eksteins, *Le sacre du printemps. La Grande Guerre et la naissance de la modernité*, traduit de l'anglais par Martine Leroy-Battistelli, Paris, Plon, 1991.［『春の祭典』金利光訳、みすず書房、二〇〇九年］.

（4）Bernard Williams, *Vérité et véracité. Essai de généalogie*, traduit de l'anglais par Jean Lelaidier, Paris, Gallimard, 2006.

（5）Dagmar Günther, «'And Now for Something Completely Different'. Prolegomena zur Autobiographie als Quelle der Geschichtswissenschaft », *Historische Zeitschrift*, 272, 2001, p. 25-61.

（6）ヘレーネ・ザックの夫が西部戦線で戦闘中、ザールラントのザンクト・ヴェンデルで死亡したのは一九四五年三月一七日とされる。だが、彼女は一九四六年八月二三日になってようやくこれを通知された。

（7）H. Sack, *Warten auf Bruno*, *op. cit.*, p. 93.

（8）Brief von Frau Else R.-Jarmen, den 28.12.1945, *in* Norbert Buske, *Das Kriegsende in Demmin 1945*, Schwerin, Thomas Helms Verlag, 2007, p. 31.

（9）DTA（*Deutsches Tagebucharchiv*）131, *So war's! Lebenserinnerungen 1922-1997*, 146 pages.

（10）*Ibid.*, p. 70.

（11）Ursula Strohschein, « Rote Armee in Demmin », *Pommersche Zeitung*, 1. April 1995, n° 13.

（12）ギーゼラ・ツインマー記者に語ったハインツ＝ゲルハルト・クヴァートの証言より。

（13）Heinz-Gerhard Quadt, *Zusammenfassung über die Ereignisse am Kriegsende im April/ Mai 1945 in Demmin auf der Grundlage langjähriger Recherchen, eigener Erlebnisse und Auswertungen zahlreicher Aussagen durch Zeitzeugen*, non paginé.

（14）Landeshauptarchiv Schwerin, 6.12-1/2, Kreistag, Rat des Kreises Demmin, Nr. 46, p. 65.

（15）N. Buske, *Das Kriegsende in Demmin*, *op. cit*.
（16）ノルベルト・ブスケの父親は、捕囚の身となっている間に罹患した病が原因で一九四八年八月に死亡した。
（17）N. Buske, *Das Kriegsende in Demmin*, *op. cit*., « Aus den Erinnerungen, die Irmgard von Maltzahn zu den Ereignissen in Vanselow und Demmin niederschrieb », p. 54.
（18）Lettre d'E. Zeitz adressée au maire chrétien-démocrate de Demmin, Ernst Wellmer, 10.03.1995.
（19）N. Buske, *Das Kriegsende in Demmin*, *op. cit*.
（20）Florian Huber, *Kind, versprich mir, dass du dich erschießt. Der Untergang der kleinen Leute 1945*, Berlin, Berlin Verlag, 2015.
（21）Martin Farkas, *Über Leben in Demmin*, 2017
（22）Trude Teige, *Mormor danset i regnet*, Oslo, Aschehoug, 2015.
（23）V. Kessler, *Die Gespenster von Demmin*, *op. cit*.
（24）Christian Goeschel, *Selbstmord im Dritten Reich*, Francfort/Main, Suhrkamp, 2011, p. 11.
（25）H.-G. Quadt, *Zusammenfassung...*, *op. cit*.
（26）*Eine Stimme aus dem Jahre 1945. Das Tagebuch von Iwan Panarin vom 27. Februar bis 9. Mai 1945*, Kulturhistorisches Museums Rostock, Rostock, 2015.
（27）Johannes Hürter（éd.）, *Notizen aus dem Vernichtungskrieg. Die Ostfront 1941/42 in den Aufzeichnungen des Generals Heinrici*, Darmstadt, WBG, 2016, p. 216-217.
（28）Horst Möller, Pierre Ayçoberry（éd.）, *Journal de Joseph Goebbels, 1943-1945*, traduit de l'allemand par Dominique Viollet, Gaël Cheptou et Éric Paunowitsch, Paris, Tallandier, 2005.
（29）Thomas Mann, *Journal 1940-1955*, traduit de l'allemand par Robert Simon, Paris, Gallimard, 2000［『トーマス・マン日記　1940-1943』森川俊夫、横塚祥隆訳、紀伊國屋書店、一九九五年。『トーマス・マン日記　1944-1946』森川俊夫、佐藤正樹、田中暁訳、紀伊國屋書店、二〇〇二年。『トーマス・マン日記　1946-1948』森川俊夫、洲崎恵三訳、紀伊國屋書店、二〇〇三年。『トーマス・マン日記　1949-1950』森川俊夫、佐藤正樹訳、紀伊國屋書店、二〇〇四年。『トーマス・マン日記　1951-1952』森川俊夫訳、紀伊國屋書店、二〇〇八年。『トーマス・マン日記　1953-1955』森川俊夫、洲崎恵三訳、紀伊國屋書店、二〇一四年］.
（30）Ian Kershaw, *La fin. Allemagne（1944-1945）*, traduit de l'anglais par Pierre-Emmanuel Dauzat, Paris, Seuil, 2012『ナチ・ドイツの終焉　1944-45』宮下嶺夫訳、白水社、二〇二一年］. Christian Goeschel, *Suicide in Nazi Germany*, Oxford, Oxford

University Press, 2009.

(31) C. Ingrao, *Le soleil noir du paroxysme*, *op. cit*., p. 182.

(32) *Ibid*.

(33) Raphaëlle Branche, *L'embuscade de Palestro. Algérie 1956*, Paris, La Découverte, 2010.

(34) Heinrich Popitz, *Phänomene der Macht*, Tübingen, J. C. B. Mohr, 1992.

(35) Wolfgang Sofsky, *Traktat über die Gewalt*, Francfort/Main, Fischer Verlag, 1996.

(36) Trutz von Trotha (dir.), *Soziologie der Gewalt*, Opladen, Westdeutscher Verlag, 1997.

(37) Randall Collins, Violence. *A Micro-Sociological Theory*, Princeton, Princeton University Press, 2008, p. 70.

(38) J. Baberowski, *Räume der Gewalt*, *op. cit*.

(39) Michel Dobry, *Sociologie des crises politiques. La dynamique des mobilisations multisectorielles*, Paris, Presses de Sciences-Po, 1986.

(40) Myriam Aït-Aoudia, Antoine Roger (dir.), *La logique du désordre. Relire la sociologie de Michel Dobry*, Paris, Presses de Sciences-Po, 2015.

第二章

戦争をどう終わらせるのか？

「生きるべきか、死ぬべきか、それが問題だ。
どちらが気高い心にふさわしいのか。非道な運命の矢弾をじっと耐え忍ぶか、
それとも怒涛の苦難に斬りかかり、戦って相果てるか。」
シェイクスピア『ハムレット』第三幕 第一場（河合祥一郎訳）

生と死に関する世界文学の最も有名な一節が、ナチズムのような犯罪的思想と結びつけられたのを目にして、意表をつかれ、もしかしたら腹立たしいとすら感じた読者もいるだろう。そもそもシェイクスピアとヒトラーとの共通点は何であろうか。それでもなぜか『ハムレット』の著者によるモノローグの時空を超えた普遍的な問いかけは、虚無主義的政治運動としての国民社会主義が、ドイツ人を史上類を見ない大惨事に導いたそのやり方に響き合うところがある。ドイツ人歴史家ベルント・ヴェークナーの表現を借りるなら、ヒトラーは「帝国崩壊の振付師」(1)だった。

ハムレットもヒトラーも役者だった。前者は劇場の舞台で、後者は政治という舞台で。狂気と正気と

の間で、理性と非理性との間で、両者ともに「自死」(2)と自己破壊の誘惑に駆られていた。その誘惑は、ハムレットの場合は個人的だった。ヒトラーの場合は、心理的、制度的手段を総動員して、ドイツ社会の運命を自らの運命に結び付け、最悪の状況にまで道連れにしようと決意したという点で、集合的だった。ドイツ人ジャーナリストのゼバスティアン・ハフナーに言わせれば、ヒトラーは「自身の権力を保持し、拡大させるためには、自分の命を含む全てを危険に晒す覚悟ができていて、いつ自殺してもおかしくなかった」(3)のだ。

しかし、それでは一体、なぜドイツ社会は、破滅寸前まで道連れにされるがままになったのだろうか。イギリス人歴史家イアン・カーショーが考えるように、この盲従的態度を総統のカリスマ権力説に基づく説明に単純化することは可能だろうか。

「勝利《アウト・ヴィンチェレ》か死《アウト・モリ》か」

ドイツ国防軍は、グライヴィッツ［現グリヴィッツェ］にあるドイツのラジオ放送局がポーランドに奇襲されたという「挑発」を完全にでっち上げたうえで、一九三九年九月一日、ポーランドに侵攻した。その日、ヒトラーは帝国議会の演壇に上がり、西ヨーロッパには領土的野心は一切ないと念を押す内容の演説を行った(4)。ヒトラーは、軍備が整っていない状態で、イギリスやフランスのような大国との二正面戦争にドイツを引き摺りこんだ一九一四年の轍を踏むのを避けようとしたのである。事後的に解釈するというようなことには慎重でなければならないが、ヒトラーが演説を締め括った言葉の意味は、後から振り返ってみるとはじめて分かることになる。ヒトラーは、かつて自らも第一次世界大戦従軍時に身につけたことのある軍服に言及しつつ、古代ローマの将軍やワーグナー的英雄の英雄的運命を念頭に、極めて大袈裟に言い放った。「私は最も神聖で大切にしている昔の制服にあらためて袖を通してみた。私がこれを脱ぐのは勝利の後である。さもなくば、私はその勝利まで生き残っていないということだ。」(5)

ヒトラーにしてみれば、ドイツが一一月一一日(訳注1)を再び経験するのはありえなかった。もっと広い意味で言えば、彼にとって、第一次世界大戦は休戦協定に続く一九一九年六月二八日のヴェルサイユ条約の調印で終わってはいなかった。ヒトラーは、国粋主義的作家エルンスト・フォン・ザロモンが既に実践を試みていた、国境とは流動的で仮のものであるという発想に多くの点で同意していた。一九一九年から一九二〇年にバルト海沿岸国家とオーバーシュレージエンで行われていた戦闘に、終戦間際に入隊した「追放された」数百人のドイツ人と徒党を組んで挑んでいた。ザロモンは言う。「国境とは動くものだった。つまり国境を成していたのは、軍隊と大砲だった。」(6)

ヒトラーにとっては、ヴェルサイユ条約は、屈辱的に押し付けられたもの《ディクタート》以上に、一時的にすぎない国境線の規定に至った力関係が表れたものでしかなかった。ヴェルサイユ体制が弱体化し解体してからは、ヒトラーはどちらかと言うと思いつきのようにドイツを戦争に引き込んだ。瀕死状態とみた西欧民主主義国家は手も足も出ないと見込んで、東ヨーロッパへ生存圏を獲得するという戦略を除いて、その戦争には全体的戦略はなかった。彼の戦争指導は、ヒトラーの思想的宣言『我が闘争』において一九二〇年代半ば以来表明してきた闘争概念の中心性と、近現代の紛争の歴史では前代未聞の二者択一、すなわち「アウト・ヴィンチェレ・アウト・モリ」、勝利か死かという二者択一に基づいていた。

（訳注1）第一次世界大戦でドイツ軍が降伏し、休戦した一九一八年一一月一一日のこと。

過去の武力紛争では、政治指導者や軍幹部の政治的運命と戦時社会のそれとは、最終的に全く別物であった。これと異なり、現にヒトラーの計画は、総統と「民族共同体」のそれぞれの運命を、勝利か瓦解か、栄光か恥辱か、生か死かという単純だが恐ろしい二つに一つという論理に結びつけていた。第一次世界大戦は、その総力戦という性質にもかかわらず、ドイツの政治軍事当局側では集団で破滅に至るという選択肢は持ち合わせていなかった。実際、一九一八年夏以降、ドイツ最高司令部は、軍事的瓦解が迫っていると分かっていながら、茫然自失となり、総崩れの責任をなかなか認められなかった。それでも前線が崩壊するのは避けられない事態だと感じられてはいたようだ。ヴィルヘルム二世の側近だったアルフレート・ニーマン連絡将校は、皇帝がスパの参謀本部で使ったとされる言葉に、ほとんど偶像のような特徴を与えることに貢献した。その言葉とはこうだ。「とにかく終わらせる必要があることはよく分かっておる。我々の能力はもう限界まで達している。この戦争を終わらせねばならん。(7)」

アメリカが皇帝の退位を平和のための不可欠の条件とする戦略をとったことに加え、ドイツは革命前夜のような状況にあり、その二重の結果として、ようやく一九一八年一一月九日にヴィルヘルム二世は皇帝の座を退いた(8)。国民社会主義は、軍事的敗北が与えた痛手が顕著だった戦争末期に出発し、犠牲者であり被害者であるという二重の言説論理を掲げて興ってきた運動である。国民社会主義は、他の国粋主義的運動と同様に、ドイツ人は「ヴェルサイユ体制の被害者」であり、ドイツ人の塹壕での犠牲的行為は無意味だったと表明した。この犠牲者で被害者であるという二重の側面は、ナチに固有のものではない。それは右派においても左派においても政治演説の骨格を成していただけでなく、ドイツ社会の大部分に参照枠組として使われたある種の政治的モラルエコノミーを構成するまでになっていた。それは戦争末期に幻滅し敗北感を味わった経験の上にあった。前線の兵士が銃後の「裏切り者」により犠牲となったという背後の一突き伝説が繰り返し使われ、一九二三年一一月九日の「ビアホールの一揆」の際や、その後に亡くなった戦闘員たちを英雄として讃える物語とも紐づけられた。(9) これらは犠牲の共同体についての新たな言説全般の基礎をなしていき、ヒトラーが権力の座についてから全ドイツに広められている。民族共同体《フォルクスゲマインシャフト》はいまにも犠牲者たちの共同体に姿を変えようとしていた。第一次世界大戦と異なり、ここで重要になるのは、勝利の約束と結びつけられた、意義のある犠牲を払うことだった。この犠牲には、自発的、政治的、戦闘的な行為という三つの特徴があった。このようにしてドイツ国民の役割は、消極的主体から自らの歴史の行為者へと移ったのである。いまや戦後賠償のために自らを犠牲にするのではなく、まずは外交的力関係、次に戦闘によってヴェルサイユ体制からの解放を可能にしていくであろう再軍備に身を投じていく。(10) 一九三九年以降、さらに独ソ戦が始まってからは、犠牲者の数は重要ではなくなった。武力衝突が生存競争の論理に組み込まれていたからである。(11) 肝心なのは最終的勝利だけだった。これがヒトラーが政治的遺言に残してまで伝えたかったメッセージだった。ヒトラーの独善的な言葉は、政治的犠牲《サクリフィキウム》という過激化したモラルエコノミーにドイツ国民を投げ込んだのである。ドイツ人歴史家ベンヤミン・ヘルツォークによれば、それは政治思想という名の闘いに組み込まれた自死を前提としていた。(12) 自殺は、避けられない敗北を受け入れた絶対的絶望からくる取り返しのつかない行為ではなく、英雄的犠牲的行為として示されていた。犠牲者たちの共同体は、好戦的共同体であって、そこでは亡命や降伏は臆病の表れと受け止められた。ヒトラーが神聖な意味での殉死ありきの集団的行動方針をドイツ国民に強要したという意味において、この犠牲の文化はある意味、恐怖政治《テルール》時代の政治遺産（パリの無産市民《サン＝キュロット》によって列聖化された「自由に殉じた者たち」という遺産(13)）を呼び起こした。ヒトラーの計画が成功するかどうかは、最終的勝利に向けて参画したことで犠牲となった人数次第という考えに基づいていた。一九四三年二月、スターリングラードでパウルスが降伏し、ゲッベルスはドイツ国民に第6軍の兵士の犠牲を手本にするよう呼びかけることによって敗退のショックを乗り越えるよう努めることになった。この政治的犠牲行為は総統原理に従い、民族共同体の構成員の平等という社会政治的な論理に則っていた。戦争末期の数週間にはドイツ領の防衛に完全に集中したという点で、政治的犠牲行為は愛国的次元を帯びた。プロパガンダやナチ高官たちも、七年戦争時の「フリードリヒ大王の精神」(訳注2)を引き合いに出すことが増えた。一九四五年二月、従軍記者であり第612宣伝中隊長を務めていたゲルハルト・シュタルケは、フュルステンヴァルデ兵舎に集められた第9軍の全将校たちの前でゲッベルスが行った演説に居合わせている。宣伝大臣は一七五九年のクナースドルフでのプロイセン軍の大敗後にオーストリア・ロシア間に亀裂が入ったことを力説した。まだそのときには一九四五年四月一二日のローズベルト大統領の死がエリザヴェータ皇帝の死に呼応することになろうとは想像もしていなかっただろう。ただ時間稼ぎさえすればよい。そうすれば戦況はそのうちひっくり返るだろうと。それでもゲッベルスはドイツの運命は「全てか無か」のいずれかだと念を押して演説を締め括った。「もしドイツ国民が負けるということになれば、世界的役割を果たすことに意欲を示すことはもうできなくなる。そうなれば行く末は閉じられたも同然だ。その結果あるのは、崩壊のみだろう。(15)」続くカクテルパーティでは、ゲッベルスは敗北した場合に起こりうるあらゆる帰結を挙げることを躊躇しなかった。すなわち、彼は第三帝国崩壊後まで生き残ることは拒絶していたのである。(16)

もちろんのこと、犠牲行為に触れた公式言説からでは、ドイツ社会が何を感じ、内面化していたのかについては何も分からない。それでも、その言説は、自己破壊の力学を内に秘めた国民社会主義を形成するニヒリスト的特徴とちょうど符合する。この点で、イタリアのファシズムやソ連型共産主義とも根本的に異なっていた。というのも、国家共産主義は、一九二九年から一九五三年の間はスターリン個人と緊密に結びつき、彼も犠牲のレトリックを使用していたものの、官僚機構で回っていたのであり、このようなニヒリスト的性質は持ち合わせてはいなかったからである。

ナチズムのニヒリスト的性質

ユンカーの息子で、一九三五年まではヒトラーの協力者であったヘルマン・ラウシュニングは、一九三〇年代末にすでに、国民社会主義のそれまでになかった性質とはどのようなものかについての鋭く綿密な分析を行っている。一九四一年にレオ・シュトラウス[17]から批判されはしたものの、その予言はほぼ正確であった[18]。一九三三年から一九三四年にダンツィヒ市参事会議長を務めたラウシュニングにとってのナチズムは、一貫してぶれないイデオロギー集成によってではなく、政治社会の新秩序を打ち立てることを目指し、常に変化しながら、ニヒリスト的革命的ダイナミズムによって定義づけられていた。保守革命[19]に惹かれがちなドイツ国家人民党の保守派やヴァイマル共和国軍の高級将校たちの希望に反して、ナチズムは君主制を復活させるという野心は持っていなかった。むしろ、帝政ドイツから受け継いだ社

（訳注2）ハプスブルク家がオーストリア継承戦争でプロイセンに奪われたシュレージエン地方を奪回しようと始まった戦争（一七五六年－一七六三年）であるが、英仏間の植民地戦争も加わって新旧両大陸に跨る戦争に発展した。フリードリヒ大王のプロイセンは、ロシア・オーストリアに対して劣勢であったが、ロシアの女帝エリザヴェータが急死すると、後継のピョートル三世がフリードリヒ大王の崇拝者であったためにロシアはプロイセン側に寝返り、プロイセンは欧州列強国の地位を獲得した。

会秩序を破壊し、ドイツをヨーロッパの東方へと生存圏獲得に向かわせる計画を企てていた。

トーマス・マンは「ドイツ国民も、ヒトラーがいたら平和は手に入らないとわかっている」[20]と確信していた。憎悪と人間性否定の党派であり、良心の呵責を一切持たない国民社会主義は、ドイツ社会を、史上最大の災禍に引き込む暴力的で破壊的なニヒリズムの革命だった。一九三〇年代を通じて、ドイツ国民の大多数は、どの社会階層であるかは問わず、ヒトラーがヴェルサイユの強制条約《ディクタート》の不正を正すことを目指しているだけだと見誤っていた。だが、一九四一年一二月に戦争が世界規模での転機を迎えて以降、ドイツ社会は、次第にヒトラーの人質となっていった。ドイツ社会の集団的運命は、「勝つか死ぬか」を選ぶ至上命令に結び付けられたのだった。そこで国民全体で共有されるようになったのが、堪えるという意味のドイツ語の動詞「durchhalten《ドゥルヒハルテン》」に簡潔に表された心構えだった。[21]これは、ヒトラーのカリスマ的権力よりも、他に信用のおける選択肢がない状況を反映していた。持ち堪え、どんな犠牲を払ってでもがんばり抜かねばならなかった。ヒトラーの戦略は、どんどん過激になり、より多くの犠牲を伴ってはきているが、きっと現状を一変するような奇跡に繋がっているのだと望まなければならなかった。このような態度をとることで戦争継続も納得することができたが、状況は悪化の一途を辿り、ドイツ国防軍の損失は増える一方だった。戦争最後の一年間の戦いで、ドイツ軍は二五〇万人の兵力を失ったが、これはなんと過去五年間での損失に相当する数だった。武器製造能力向上のためにアルベルト・シュペーアの指揮で実現した「奇跡」(訳注3)にもかかわらず、明らかにドイツ軍の形勢は不利だった。出口戦略を持ち合わせていなかったヒトラーは、長引かせること、つまり極限まで戦闘を続けることくらいしかもはや望んでおらず、帝国破壊以外の選択肢はなかった。その振る舞い方は、過去のどんな紛争の終わらせ方とも全く異なっていた。[22]

ハインリツィ将軍は、東部戦線での防衛戦においてはドイツ国防軍最高の戦術家の一人として名高い。一九四三年七月五日の日記では、ラインラントの諸都市への空襲が激化していく中、「皆、持ち堪えたかったのだ。負けた後に訪れるものは想像もつかないような秩序だ。だからこの戦争で負けるなどとは誰も考えたくなかったのだ」(23)と綴った。外交官や体制の高官らに続いて、ようやく国防軍の将軍たちも、戦争には勝ち目はなく、ドイツは破壊に通じる出口に向かって進んでいると気がつくことになった。それでもハインリツィの頭の中では、敗北が想定されていないことが分かる。敗北はドイツの終焉を意味したからだ。この姿勢はヒトラーの軍事的才能を信じきっていたことから来ていたのではない。むしろ、あの断定的な言葉を貫いていたある種の混乱を表していた。その言葉とは、国防軍における作戦参謀本部長アルフレート・ヨードルが一九四三年一一月に大管区長官たちに投げかけたものだった。「我々は勝たねばならないから勝つのだ。」(24)ヒトラーは、挫折こそしたものの、いつの日か来るべき勝利を告げる英雄という役目を自害するまで背負いながら、国民の運命を自らのそれに結びつけるために、自身のカリスマ的権力を濫用したのである。

ナチの権力構造内部でもドイツ一般国民の間でも、ありとあらゆる階層で、この一蓮托生という病的な関係性からは免れることはできなかった。一九四三年以降、戦略的面からは負け戦だと考えられていたとすると、それでは、然るべき終戦とはどのような形のものだったのか。この戦いからどのように抜け出せばよいのだろうか。

（訳注3）ナチスドイツの軍需大臣だったアルベルト・シュペーアが一九四二年から一九四三年にかけて兵器製造指数を飛躍的に増大させたことが「シュペーアの奇跡」と呼ばれている。

私的に綴られた日記は、ヒトラーとドイツ国民との関係に関して、主観的で、時に批判的ですらある評価を見せてくれるし、公式プロパガンダの「魔術的」力を検討できるという点で興味深い。(25)この点でアドルフ・カッツが一九四三年から一九四五年に記したメモは、貴重な資料である。(26)アドルフ・カッツは、一八九三年にアルザス地方で生まれた。アルザス地方はフランクフルト条約により一八七一年にドイツ領となっていた。ドイツ銀行に勤務しており、一九四三年にはバーデン・ヴュルテンベルク州プフォルツハイムの支店長をしていた。彼の日々の考察では、基本的に二つのことが目立つ。一つは、空爆の個人的体験で、もう一つはドイツ人の世論と公式プロパガンダの効果についての考えだ。

一九四三年七月二八日にして、もうアドルフ・カッツは「全く無意味な破壊、この世の惨憺たる破滅で戦争は終わる」(27)と述べている。それでも、一九四三年秋に綴った一連のコメントからは、現実とどんどん乖離していく「プロパガンダの依然として圧倒的な力」(28)や、奇跡を信じている（あるいは信じているふりをする）ドイツ国民の器量に魅せられてもいるようだ。そしてカッツは悟ったような結論に至っている。

瓦解するとしても、それは前線からだろう。軍事的敗北からでしかありえず、銃後の辛苦からではないだろう。(29)

確かなことは、そしてこれは同時代の親衛隊の国内諜報機関の報告書でも確認できるのだが、ドイツ国民は最終的勝利こそがこの戦争からの唯一の出口だと思い込んでいたことだ。しかし多くの人はこの目標を掲げ続けるための物理的、人的可能性には疑いを抱いていた。親衛隊諜報部は、一九四三年九月三〇日の報告書において、士気の盛り上がりは、ムッソリーニがアブルッツォで突飛な方法で解放された後に感じられはしたものの、長くは続かなかったことを強調している。

一時期、国民は戦争の転換点を信じていたが、その後ソ連領から撤退するにつれて、戦争から首尾よく抜け出せるのかについての疑念が盛り返した。ソ連領の制圧こそが勝利獲得への決定的要因だと再々見られてきたからだ。(30)

スターリングラードでの第6軍の降伏は、すでにドイツ社会を激しく動揺させていた。親衛隊諜報部は、一九四三年二月四日付の報告書で、「スターリングラードでの戦闘終了が宣言されたことで、国民全体がいまいちど激しい感情的ショックを受けている」(31)と強調していた。しかし、決定的だった軍事的主導権の喪失を物ともせず、総じてドイツ社会は、戦争の決定的転換点だと分かっていながら、絶対に持ち堪えなければならないという矛盾に悩まされていた。(32)第4軍のトップに立っていたゴットハルト・ハインリツィ将軍は数週間ドイツで休暇を過ごしていた一九四三年七月五日、国民の精神状態についてかなり鋭い洞察を数行にまとめた。

ドイツでは、人々は、彼らがなお理解できる限りにおいてだが、全体的状況には明るい見込みがほとんどないことを察知している。大概、人々は口をつぐんでいる。皆賢いのだ。だが、彼らはこれまでとは違ってきていると強く感じとっている。四〇年のフランスへの勝利、四一年のロシアへの電撃的攻勢、四二年の領土獲得をもたらした部分的攻撃。今日はといえば、落ち着きと待機…。それに加えて、ラインラントやルール地方の諸都市への絶え間ない空爆だ…。そうしながらも皆持ち堪えたいと思っている。皆この戦争に負けることはないだろうと心得ているからだ。事実、その後に来ることを誰も考えたがらない。ドイツという国と我々全国民。我々は敗北によって沈んでいくのだろう。(33)

今日でも依然として支配的な歴史学の説は、(34)ヒトラーを洞察力に欠け、シュペーアやグデーリアンのような人物なら異議を唱えたであろう、現実原則を否定した人物として提示している。彼は現実世界から切り離されて、限界まで戦えば究極の勝利を手にできるという妄想に取り憑かれていたようだ。(35)このような定説とは逆に、ヒトラーは自らの終焉と自らの国の終焉とを故意に演出し、「後世になってから精神的勝利」と映るようにと「歴史に刻まれた、英雄的失墜」を作り出そうとしたのだと、ドイツ人歴史家ベルント・ヴェークナーは考えている。(36)勝利か死か。これこそが一九四二年、一九四三年頃から採用された戦略だった。しかし、ヒトラーは戦争を継続しながらも、自らの歴史的使命だと考えていた、ヨーロッパからのユダヤ人の物理的抹消をやり遂げようとしていたことを忘れてはならない。(37)

したがってドイツ国民は、一様に、これからやってきそうな大惨事に対する不安と恐怖で気持ちが塞いでいた。ドイツ国民は恍惚の時と絶望の時を行ったり来たりしていた。ゲッベルスは、スターリングラードで第6軍が降伏する数日前にあたる一九四三年一月三一日の日記で、ドイツ国民の間で将来への見通しが狭まっていると感じられている様子を記していた。「国民は東部での敗北をたいそう気にしており、その原因についてあれこれ思いを巡らせている。親衛隊保安局（ＳＤ）の報告によればだが、さらに先まで考えているものもいるらしい。彼らはもし我々が東部で躓こうものなら、自分の頭に銃を当てて引き金を引く他はないと公言しているというのだ。[38]」

宣伝省に届くフィードバックは、一部のドイツ国民は行動に移る準備ができていることを示しているようである。同時に、ドイツ人はヒトラーの軍事的天分あるいは新兵器の開発に象徴される希望にしがみついていた。彼らの集団的気分は季節の巡りにも左右されていたようだ。一九四四年四月の記述で、カッツは、戦争が始まって以来、毎年春になると、ドイツは、出口はそこまで来ていると信じる楽観的ムードに包まれると記している。

いつものことだ。ロシア人がまたもや負かされなかった厳しい冬が終わるたび、そして、すごい秘密兵器や新たな攻勢といった新展開があるうちは、信じたいという気持ちがこの希望にすがりつく。[39]

するとカッツは心底悲観的で、同胞への蔑みをにじませて締めくくった。「破壊に寄与する技術とは、我々の文化の終焉を意味するのだ[40]！」

実際、年ごとに戦況を追っていくと、いつも春には、ドイツにとって幸先が良いと思わせるような出来事が起きている。一九四〇年と一九四一年のフランスとバルカン諸国への電撃戦、一九四二年春のソ連による反撃の失敗、スターリングラードでのトラウマ後の一九四三年春の国防軍の立て直し。たいてい厳しくなる冬（一九四一年から一九四二年のモスクワ攻略の失敗とソ連の冬の攻撃、一九四三年二月のスターリングラードでの第6軍の降伏、一九四三年から一九四四年のソ連領の解放）を抜けると、より穏やかな季節が戻ってきて、形勢は逆転するとの見込みを何らかの方法で運んできてくれた。V1のような新兵器、総統の神業、新たな攻撃などだ。ドイツ国民はプロパガンダや体制の高官たちがこれから起こると断言していた究極の勝利を最後まで信じようとしたが、それはイデオロギーに賛同していたからではなく、敗北は破滅と大惨事を意味することになろうと十分自覚していたからだった。そうでもしなければ、どうすれば甘んじて受け入れた犠牲を納得できただろう。夫や兄弟は東部戦線で殺され、ドイツの大都市は次々と破壊されたではないか。概して社会は、その大半で、袋小路にはまっているとはっきりと意識されていた。ドイツ国民は第三帝国を支持せざるをえなかったが、それは結局その他の選択肢がもっと酷いものであると考えたからであった。一九一八年には一部の国民にとっては、社会民主主義や共産主義が平和や民主主義という希望（自由民主主義であれ人民民主主義であれ）を体現したまともな政治的選択肢として存在した。そのときと違って、一九四四年から一九四五年にかけては、信頼に足る選択肢の余地はまさしく皆無だった。これに加えて、反ヒトラーで同盟を組んでいる国々の行動によって、民間人ばかりがどんな目に遭うかは疑いようもなかった。破壊という手段は英米軍にもソ連軍にも用いられたが、その理由は両者で時に異なった。英米によって主導された空爆は、帝国領内に絶望感を蔓延させようという狙いがあったものの、それでドイツ国民がヒトラーに反旗を翻すことには全くならなかった。一九四五年二月一八日の記述で、カッツはマンハイムやハンブルクやドレスデンに対して行われた空爆に激しく反発している。

都市という都市をこのように破壊することは野蛮な犯罪行為でしかなく、実質的な軍事的利益などは、どうみても全くない。戦争とは無関係だ。殺戮、ニヒリズムが純然たる形で表現されたにすぎない。(41)

カッツの心象では、ドイツ国民は大惨事に瀕して、死者や物質的破壊を物ともせず、逆説的だが生きる意志が露わになってくるという経験をしていた。一九四五年三月一日の日記で、カッツは、プフォルツハイムの町の八〇％が破壊された一九四五年二月二三日の空爆に再び触れている。廃墟となった町の物質的現実について描写し、達観した考えで短い書きつけを締め括った。読者の目にはこれは一種の啓示、目覚めのように映る。

昔は、爆弾の恐怖などでは人々の心は動揺させられないことに、私は驚いていたものだ。だが、いままさに自分でも生きる意志が死と破壊から沸々と湧いてくるという経験をしている。それまでは、生と死という永遠の連関について、つまり生とは死から生じることを意識したことは一度もなかった。(42)

最終的には、時間が経つにつれ、連合軍の方も、ドイツ国民が気力を保っているのは、教義を叩き込まれているからでは必ずしもなく、ショックと逆境を乗り越えるための打たれ強さを自らのうちに見出すことができているからだと分かってきた。沈まぬように堪え抜く、というのが国民の精神状態だった。一九四五年一月一二日から、赤軍は冬の総攻撃を開始した。この攻撃でドイツ側の最終防衛線を突破し、帝国の首都にも到達するはずだった。赤軍はヴィスワ川の後方にめぐらされた塹壕沿いの敵の前線をあっという間に突破し、オーデル河岸に到達し、一月末にはケーニヒスベルク周辺にいたドイツ軍の一部を包囲した。物質的にも人的にもソ連軍の方が優勢だったのは明白だったにしても、ドイツの将軍たちはこれほどまであっさりとドイツ側の防衛線が崩れようとは予想だにしていなかった。

戦況が悪化したことで、何十万人ものドイツ人が集団避難に追い込まれた。トーマス・マンは、アメリカの亡命先で、一九四五年一月二二日の日記に書いている。「ロシア軍の攻勢はますます勢いを増している。完全にヒステリーなドイツのアナウンサー。魂なき烏合の衆に対する自由のための聖なる戦争。これまでヨーロッパ中に荒れ狂い、いまや吠え立てんばかりの、相も変わらぬ愚かで凶悪なうぬぼれ。ところで、私は自分の期待には慎重だ。ドイツ人のパートスは、それがいかに誤ったものであろうとも、やはり効果的であり得る。[43]」一月二八日には『ケルン新聞』で得た情報からこう書き加えた。「ドイツは終焉に向かうという内容の戦争報道。メーメル占領。ポーゼンとブレスラウが包囲される。難民がベルリンに押し寄せ、そこからさらに追い立てられる。[44]」

事実、数週間で何十万人ものドイツ人がソ連軍兵士の到来から逃れようと、ナチ・ドイツ東部隣接地域を後にしていた。依然として公式プロパガンダは国民を「要塞《フェストゥング》」の概念の方に向けて動員しようと努めていた。「ベルリンとオーデル川との間ではどの町も要塞だ」あるいは「シュテティーンはドイツであり、ベルリンはドイツであり続け、ダンツィヒはドイツに戻るのだ！」というようなスローガンが使われた。こうして、体制は、国――出生地という意味で故郷《ハイマート》――の防衛という概念と、ドイツ国防軍にもう一度軍事的主導権を与えるような状況の一転という狂った望みとを結びつけようと模索した。大部分のドイツ国民が戦争終結を望んでいたのは確かだが、ロシア軍による占領には反対していた。このように終戦は逆説を孕んでいた。つまり、ドイツ人は自分たちの町や村を必死に守ることで、体制が長引くことに手を貸すことになったのだ。これを確認できれば、我々は戦争終盤に大半の市民がとった行動をより良く理解できるはずである。というのも、ドイツの地を守ろうと躍起になったのは、過激化して自暴自棄になった体制に賛同していたからというより、生き延びようという意志からであった。

赤軍がソ連の領土全体を回復させようと立て続けに攻撃をしかけていた一方、衰弱しきったドイツ国防軍は自国領土防衛のため最後の軍隊を投入した。グスタフ＝アドルフ・スキッベという名の一兵卒は、このように土壇場になって巻き込まれた一人だが、行軍の途中デミーンの町に居合わせることとなった。この歴史上無名の人物から、ドイツが負け戦の最後に投入できた兵力の実態が窺い知れる。

動員できた最後の兵力

グスタフ＝アドルフ・スキッベはドイツの一兵卒だった。生まれは一八九三年で、西プロイセンの町エルビンク出身である。五一歳という年齢で、一九四四年一二月、遅まきながら召集された。「あらゆる年齢の二〇〇〇人からなる大隊[45]」の一団に入隊した。自分は召集されることはないだろうと彼は考えていたに違いない。だが一九四三年二月にゲッベルスが総力戦を宣言したことで、ますます多くの兵士が求められるようになった。こうして、祖国防衛と戦況一変への信念とを混ぜ込んだ言説に彼らを包みこみながら、少年も初老の男も召集されていった。

グスタフ＝アドルフ・スキッベ兵士の日記中の記述によれば、彼は一九四四年一二月二五日にポーゼン（現ポズナン）にある映画館に赴いた[46]。ヴァルテラント帝国大管区の首都は、一九二〇年代末以降、戦間期最大で最新鋭の設備の映画館の一つを擁していた。映画館スウォンツェは、青空が描かれた大天井を備えており、一六〇〇人まで観客を収容することができた。街の占領が始まってからは、ドイツ映画館《ドイチェ・リヒトシュピーレ》（各単語の頭の音節をとり、デリと呼ばれた）と改名され、ドイツ人専用となった。当時上映されていたゲオルク・ヤコビー監督の『我が夢の乙女』を兵士スキッベが見たのは、この映画館においてだった。この映画は一九四四年八月に封切られたカラーのミュージカル映画であり、マリーカ・レック演じるミュージックホールのスター、ユリア・ケスターの物語だった。ヒロインはマネージャーの圧力から逃れるために始発電車に乗り、山あいの雪深い集落に逃げこむこととなったが、そこで二人の技術者に出会った。その技術者ペーターとエルヴィンは彼女に恋心を抱く。その一人エルヴィンはユリアのうちに夢に出てきた女性を見出し、映画の終盤で燃えさかる情熱を彼女に伝える。UFA《ウーファ》スタジオが制作したこの長編映画は、体制にも戦争にも全く触れられない純粋な娯楽映画だった。この映画はあたかも既に戦後を題材にしているかのようであった。他方で、スキッベは、コルベルクの町を題材にした歴史一大絵巻の着色されたカラー映画は映画館に見に行く暇がなかった。ファイト・ハーラン監督のこの映画は、一九四五年一月にドイツの映画館で封切られている。ゲッベルスがセリフの大部分を書いたこの映画で描かれているのは、ナポレオン軍から町を守るために、市長に導かれてどんなことも厭わない狂信的民兵に変貌していく住民たちの抵抗精神だ。ゲッベルスは一九四四年一二月三日の日記で、次のような希望を述べた。「ハーランのカラー映画『コルベルク』を、もう一度映写させた。改めて、真の政治的傑作だと感じた。そしてこの映画は、的を射た総統のお言葉通り、六年目の戦争指導におけるあるべき戦いのかたちを表象することになるだろう。(47)」だが、公開は遅きに失し、いかなる動員の力も発揮できなかった。

スキッベの日記を読む限り、一九四四年のクリスマス当日の映画上映は、スキッベが召集されてから数日後のことであり、最初で最後の娯楽の機会となった。これが最後の息抜きとなってしまったのは、一九四一年六月二二日に始まった独ソ戦が最終局面に入っていったためである。生存圏創造の名の下に遂行された破滅的戦争は、一九四五年一月に結末を迎えようとしていた。一月一二日以来、ソ連軍は、バルト海からカルパチア山脈までの東部戦線全域で、ヴィスワ・オーデル最終大攻勢をかけていた。

兵士スキッベは一月二〇日にポーゼンを離れている。その五日後、ジューコフ将軍率いる第1白ロシア正面軍から最初の部隊が到着し、ポーゼンの包囲が始まった。それからスキッベと第21大隊第2中隊の同僚たちは、二ヶ月で整然と順に二〇〇キロの退却を開始した。一月二〇日から三月一四日の日記では、ページを追うごとに、ロガーゼン（ロゴジノ）、アイヒェンブリュック（ヴォングロヴィエツ）、オボールニク（オボルニキ）、ドリーゼン（ドレズデンコ）、シュヴェリーン・アン・デア・ヴァルテ（スクフィエジナ）、ドロセン（オシノ・ルブスキェ）、クストリン（コストシン・ナド・オドロン）という現在はポーランド名を冠している東プロイセンの小さな集落を点々とした様子が記されている。[48] 手書きメモからは、ソ連の飛行機や歩兵からの狙撃のプレッシャーに晒されながら、日ごと、それに時間ごとに、トラックや列車での（牛に跨がることも！）ひたすら単調な移動を辿ることができる。どうもスキッベは一度も戦闘には参加せず、一発も銃弾を放つこともなかったようだ。彼は、ソ連軍の進撃から数日先行するように、東プロイセンや西プロイセンの地から逃げてきたドイツ市民の大群に揉まれて、退却していった。兵士の日常は、行進隊形への整列、昼夜問わずの雪と寒さの中での行軍、乏しい食事、たびたび故障に陥るトラックの修理とで成っていた。

兵士スキッベは、終戦間際になって召集された者の一人だった。彼が所属した軍は、今や人的に赤軍には大きく劣っていたものの、持ち堪えることが課されていた。独ソ戦が始まってからというもの、ドイツ国防軍は二七〇万人以上の兵力を失っていた。一九四三年二月にスターリングラードで第6軍が壊滅して以来、ドイツ軍優勢という言説はかなり説得力を失っていた。下級兵士たちが恐れていたことの一つに、彼らの間で「ケッセルアングスト」、そのまま訳すなら「鍋に入れられる不安」と呼ばれていたことがある。つまり孤立地帯で包囲されてしまい、捕虜となる不安だ。それでスキッベの部隊は、オーデル＝ナイセ線の後方へと、じわりじわりと退却していった。

（1）Bernd Wegner, « Hitler, chorégraphe de l'effondrement du Reich », *Vingtième Siècle. Revue d'histoire*, n°92, 2006, p. 67-79.

（2）Georges Minois, *Histoire du suicide. La société occidentale face à la mort volontaire*, Paris, Fayard, 1995. ドイツ語文献では次を参照のこと。Andreas Bähr, *Der Richter im Ich. Die Semantik der Selbsttötung in der Aufklärung*, Göttingen, Vandenhoeck & Ruprecht, 2002.

（3）Sebastian Haffner, *Germany: Jekyll & Hyde. 1939-1940 Deutschland von innen betrachtet*, Francfort/Main, Büchergilde, 2008, p. 21.

（4）Max Domarus（éd.）, *Hitler — Reden und Proklamationen,* Neustadt-sur-le-Aisch, Schmidt, 1962, t. II, p. 1312-1317.

（5）Reichstagsprotokolle, 3. Sitzung, Freitag den 1. September 1939, p. 48. https://www.reichstagsprotokolle.de/Blatt2_n4_bsb00000613_00049.html

（6）Ernst von Salomon, *Les réprouvés*, traduit de l'allemand par Andhrée Vaillant et Jean Kuckenburg, Paris, Bartillat, 2007（1931）, p. 136.

（7）Alfred Niemann, *Kaiser und Revolution: Die entscheidenden Ereignisse im Großen Hauptquartier im Herbst 1918*, Berlin, 1922, p. 126.

（8）Robert Gerwarth, *November 1918 : The German Revolution*, Oxford, Oxford University Press, 2020［『史上最大の革命——一九一八年一一月、ヴァイマル民主政の幕開け』大久保里香、小原淳、紀愛子、前川陽祐訳、みすず書房、二〇二〇年］.

（9）Daniel Siemens, *The Making of a Nazi Hero : The Murder and Myth of Horst Wessel*, Londres, I.B. Tauris, 2013.

（10）Benjamin Herzog, « Am Scheitelpunkt des sacrificiums : Politische Opferlogiken und Opfersemantiken in Deutschland in der Zeit der Weltkriege », *Militärgeschichtliche Zeitschrift*, 78-1, 2019, p. 19-54.

（11）Heinrich Himmler, *Geheimreden 1933-1945 und andere Ansprachen*, Francfort/Main, Propyläen, 1974, p. 149.

（12）B. Herzog, « Am Scheitelpunkt des sacrificiums », *art. cit.*, p. 22.

（13）Jean-Clément Martin, *Révolution et Contre-révolution en France de 1789 à 1995*, Rennes, PUR, 1996.

（14）市民の犠牲という面に関しては次を参照のこと。Alain Garrigou, *Mourir pour des idées. La vie posthume d'Alphonse*

Baudin, Paris, Les Belles Lettres, 2010.

(15) DTA 1479, *Mit Stenoblock und Kübelwagen. Meine Lebensreise, 1907-1972*, p. 338.

(16) *Ibid.*

(17) Leo Strauss, *Nihilisme et politique*, traduit de l'anglais par Olivier Sedeyn, Paris, Payot et Rivages, 2004.

(18) Hermann Rauschning, *La révolution du nihilisme*, traduit de l'allemand par Paul Ravoux et Marcel Stora, Paris, Gallimard, 1939［『ニヒリズム革命』片岡啓治訳、学芸書林、一九七二年］.

(19) Louis Dupeux (dir.), *La « révolution conservatrice » allemande dans la République de Weimar*, Paris, Kimé, 1992.

(20) Th. Mann, *Journal 1940-1955*, *op. cit.*, p. 97［『トーマス・マン日記　1940-1943』前掲書、四四五頁］.

(21) この意味で、私は、ナチ党独裁とドイツ社会との関係全てをヒトラーのカリスマ的権力で説明しようとする歴史家イアン・カーショーが提唱する説を相対化する傾向にある。次を参照のこと。Ian Kershaw, *Hitler — Essai sur le charisme en politique*, traduit de l'anglais par Jacqueline Carnaud et Pierre-Emmanuel Dauzat, Paris, Gallimard, 1995［『ヒトラー（上）――1889 - 1936 傲慢』川喜田敦子訳、石田勇治監修、白水社、二〇一五年。『ヒトラー（下）――1936-1945 天罰』福永美和子訳、石田勇治監修、白水社、二〇一六年］.

(22) Holger Afflerbach, *Die Kunst der Niederlage. Eine Geschichte der Kapitulation*, Munich, Beck Verlag, 2013.

(23) J. Hürter (éd.), *Notizen aus dem Vernichtungskrieg*, *op. cit.*, p. 217.

(24) Percy Ernst Schramm (éd.), *Kriegstagebuch des Oberkommandos, vol. 3: 1er janvier- 31 décembre 1943*, Francfort/Main, Bernd & Graefe Verlag für Wehrwesen, 1961, p. 1562.

(25) Aristotle A. Kallis, *Nazi Propaganda and The Second World War*, Houndmills, Palgrave Macmillan, 2008.

(26) Marianne Pross (éd.), *Die Einschläge kommen näher. Aus den Tagebüchern 1943-45 von Friedrich Adolf Katz, Oberbürgermeister der Stadt Pforzheim 1945-1947*, Pforzheim, Pforzheimer Hefte, 1995.

(27) *Ibid.*, p. 18.

(28) *Ibid.*, p. 20, 26-27.

(29) *Ibid.*, p. 20.

(30) Heinz Boberach (éd.), *Meldungen aus dem Reich. Die geheimen Lagenberichte des Sicherheitsdienstes der SS*, Herrsching, Pawlak, 1984, p. 352.

(31) *Ibid.*, p. 4750.

(32) Nicholas Stargardt, *La guerre allemande. Portrait d'un peuple en guerre, 1939-1945*, traduit de l'anglais par Aude de Saint-Loup et Pierre-Emmanuel Dauzat, Paris, Vuibert, 2017.
(33) J. Hürter (éd.), *Notizen aus dem Vernichtungskrieg*, *op. cit.*, p. 216-217.
(34) ジョアン・シャプトとクリスティアン・アングラオの共著によるヒトラーに関する書籍の中でも、やはりこれは見受けられる。Johann Chapoutot, Christian Ingrao, *Hitler*, Paris, PUF, 2018, p. 187.
(35) Allan Bullock, *Hitler und Stalin. Parallele Leben*, Berlin, Siedler Verlag, 1991〔『ヒトラーとスターリン――対比列伝』全四巻、鈴木主税訳、草思社文庫、二〇二一年〕.
(36) B. Wegner, « Hitler, chorégraphe de l'effondrement du Reich », *art. cit.*, p. 72.
(37) Martin Broszat, « Hitler und die Genesis der Endlösung », *Vierteljahrshefte für Zeitgeschichte*, 25, 1977, p. 739-775.
(38) H. Möller, P. Ayçoberry (éd.), *Journal de Joseph Goebbels*, *op. cit.*, p. 54-55.
(39) M. Pross (éd.), *Die Einschläge kommen näher*, *op. cit.*, p. 35-36.
(40) *Ibid.*
(41) *Ibid.*, p. 63.
(42) *Ibid.*, p. 66-67.
(43) Th. Mann, *Journal 1940-1955*, *op. cit.*, p. 218〔『トーマス・マン日記 1944-1946』前掲書、三六八－三六九頁〕.
(44) *Ibid*〔同書、三七三－三七四頁〕.
(45) DTA 1344, *Kriegstagebücher von Gustav Adolf Skibbe*, 18.12.1944-02.05.1945, non paginé.
(46) *Ibid.*
(47) H. Möller, P. Ayçoberry (éd.), *Journal de Joseph Goebbels*, *op. cit.*, p. 658.
(48) DTA 1344, *Kriegstagebücher vom Gustav Adolf Skibbe*, *op. cit.*

第三章

ソ連からの仕返しを逃れる？

「昨日、赤軍兵士に向けたロシアのビラを私は入手した。『ゲルマン人のブロンドの女を奪ってドイツの傲慢さを叩きのめせ』とあった。」

第12戦車師団 H・G大尉

一九四一年六月以来「征服し破壊する」というドイツの戦略に接してきたソ連兵が、「目には目を、歯には歯を」という復讐法以外の方法で応戦することは想像し難い。その説明の図式と因果関係は当然すぎるように思われ、疑問を呈されることは稀である。粗野な復讐の仕組みは決まりきっているように見えるのは、それほどドイツによる占領が出だしから意図して非人間的だったためである。(1) 当初あった「軍服を着たドイツ人兄弟たち」との「階級の博愛」という幻想も、ドイツ国防軍の行う破滅的戦争に接して忽ち消え失せている。ドイツの戦争犯罪を身をもって体験し感じたことで、赤軍所属の党委員たちは、政治的作業を進めやすくなった。

したがって、ソ連軍がドイツ占領地を解放し、ドイツ国境に近づくとき、ある種の意趣返しや直ちに報復することの正当性が出て来よう。だが、たとえ東部戦線での経験が、両陣営の兵士たちを高レベルの残虐性に慣らす「暴力行為の養成所」[2]だったのは否定し難い事実だったとしても、暴力について結論を導き出す前に、まずはそれを文脈の中に位置付けることを絶対になおざりにするべきでない。

東部での戦争——征服と破壊

一九四一年六月二一日土曜日の晩、トーマス・マンは、ヒトラーがソ連に宣戦布告したことを「無謀で、結果を予測できない転回」[3]と日記に記している。ロサンゼルスで亡命生活を送っていた反ナチ作家は、ロシアが勝つ可能性に全く希望を抱いておらず、「文明戦争」[4]と呼ぶものの出口について考えを巡らせている。もとよりトーマス・マンは、多くのドイツ人と同じように、この戦争は他のどの戦争とも異なるものと見抜いていた。この戦争が目指していたのは、領土の獲得や大国間の勢力図を塗り替えることではなく、大陸ヨーロッパでのドイツのヘゲモニーを確立するため、ソ連の影響圏を征服し、そこを占領し、不倶戴天の敵を物理的に消滅させることだった。

憎しみが、組織立った粛清という綱領を押し進めた。ソ連に対する戦争は、文化とイデオロギーという二重の枠組で行われた破滅的戦争だった。それは規模と組織的性質で前例のない殺戮の論理を正当化するのに役立った。一方で、その論理は、ロシア像のネガティヴで非人間化された認識に基づいていた。そのロシア像は、ロシアの表象という長い歴史に根を下ろしていた人種的感情と反ボルシェヴィキというステレオタイプに表された[5]。他方では、存在すべき民族と消えるべき民族の闘争と権利に関するヒトラー的思想に依拠していた。たとえこの「約束の東方」[6]が、占領地におけるナチの永劫的統治の確立には至らなかったとしても、両軍の将校と兵士全員にとって類のない暴力体験となり(7)、感情とイメージと匂いが混じり合い、消せない印となって残っていくことになった。

ソ連に対する戦争には、当初からその特徴として、軍事的かつ政治イデオロギー的な二重の力学が見られ、激しい戦闘、恐るべき犯罪、強制的移動が複雑に組み合わされていた。それは究極的に過激な時代を開いたのである。そこではドイツ国防軍と、これを補完するバルト海沿岸諸国やウクライナ出身の現地警察は、敵軍兵士、ユダヤ人、共産主義者、戦争捕虜、パルチザン(8)、民間人に対して、戦時国際法のいかなる遵守をもたちまち放棄し、あらゆる形の人間としての尊厳も切り捨てていった。一九四一年秋、フォン・ライヒェナウ陸軍元帥、ホート将軍、フォン・マンシュタイン将軍といったいくつかの軍団の司令官たちは、東部戦線でのドイツ兵の振る舞い方を定めた指針を出した。これらの規範を定めた文書は、ソヴィエト国家とその軍を容赦なく破壊することを目標として示した。ドイツ兵は「ドイツ国民あるいはその仲間の受けたあらゆる残虐行為の報復者(9)」とされた。前線レベルではそんな規範よりも実践が先行していた。特殊任務部隊《アインザッツグルッペン》がソ連領内でとうに活動していたし、何百万人ものソ連人を飢えさせる計画がすでに実行され、パルチザン集団との情け容赦ない戦いは下級兵士たちにとっては日常と化していたからだ。一九四一年五月一三日の指令では、ドイツ兵によるソ連兵への犯罪は、どんなものであれ罰せられることはないと定められていた。

手紙や日記には、兵士であろうとパルチザンであろうと関係なく、「陰湿な」ボルシェヴィキに対する一切の慈悲を許さない生存競争という「流血地帯《ブラッドランド》(10)」(T・スナイダー)での行動が読み取れる(11)。一九四一年一一月二日、ハインリツィ将軍麾下の兵士たちはモスクワから南西に二〇〇キロの所のリフビンに駐留していた。ハインリツィ将軍はその日の日記に、容赦なき復讐へと突き動かす原動力、つまり敵を抹殺したいという抑えられない欲望を描いている。

昨日はリフビンで、そして今日はここからごく近い所で、ボイテルスバッハー中尉は一二人のパルチザンを皆殺しにした。あのような目立たない小男があんな真似をするとは誰も想像していなかっただろう。彼は、共産主義によって死に追いやられた、あるいは亡命を余儀なくされた父親と母親、兄弟姉妹たち全員の復讐をしているのだ。冷酷な復讐者である。(12)

東部での戦争は、人間が破壊行為をする側とされる側の両方の存在になるという意味において、真の犯罪人類学(13)の対象となった。一九四三年になると、ハインリツィが公式な焦土作戦にある種の戸惑いを感じていることが読み取れはするが、彼も他の将軍たち全員と同様、全く統制できなくなった暴力行為を支持し、自らもそれに加わっている。東部での戦争は、兵士や補充兵やパルチザンといった全ての当事者を程度の差はあれ戦争犯罪人にしたのである。

三年半の間、ドイツ国防軍、親衛隊、警察(一般警察であれ、政治警察であれ)の部隊は、ソ連領内で死と困窮を蔓延させ、一一〇〇万人の赤軍兵士(このうち三〇〇万人は抑留者)と、一五〇〇万人の市民(このうち一五〇万人はユダヤ人)を消滅させたにとどまらなかった。これらの部隊は二〇〇〇万人に及ぶソ連民間人の強制移動計画に関与した。彼らは自分の町や村から追い出され、打ち捨てられ、収容所に抑留され、強制労働従事者としてドイツに移送させられた。(14)一兵卒クザーヴィアー・ケースルは、一九四二年一〇月一一日の日記で、夏からドイツ軍に占領されていたスターリングラード右岸からの追放を余儀なくされたソ連の避難民たちの列を描き出している。

生まれてからまだ数週間しか経っていない乳児から、自分の足で立っているのがやっとという年寄りまで、劣悪な環境にある民間人たち。僅かな持ち物を荷車に載せ、あるいは手で持って運び、道を行く。夜になっても彼らに手を差し伸べる家はない。五〇キロ行っても一〇〇キロ行っても、村一つない。この終わりなき荒野で、夜は寒く、昼はうだるように暑く、ひどい砂埃。穀物を少しばかり口にできていることで、彼らはなんとか命を繋いでいる。(15)

強制移住は、ソ連南部から始まってはいたが、スターリングラードでの敗退後にその数は増えた。それは犯罪的占領政策の最終章となった。大軍団が焦土作戦をなりふり構わず行い、惨たらしく撤退していくなか、就労可能な男女を始めとする幾多の民間人が路上に放り出された。ドイツ国防軍には、インフラの破壊だけでなく、村々に火を放って破壊することに専門的に当てられた師団があった。強制移動中の衛生状態や食糧事情は悲惨なものだった。日々歩かされる距離は二五キロにも達し、食事が与えられないこともしばしばであり、寝るのは野外だった。(16) 反抗した者、脱走を試みた者、卒倒寸前の者は即刻処刑対象となった。ハインリツィ将軍は一九四三年九月一八日の日記でこう認めている。「焼き払い、そして破壊するといういつものやり方は、ただただ耐え難いものだった。(17)」一ヶ月後の一九四三年一〇月二七日、彼はこの犯罪的方策を止められないことに無力感を覚え、軍事的には既に負けていたこの戦の出口について考えを巡らせている。ハインリツィは、このように呪縛から解かれたように証言し、この際限なき暴力が、どのように「総統原理《フューラープリンツィープ》」の名の下に正当化されるかについても力説している。

これからどういう展開があるだろうか。政治的解決策は見つかるのだろうか。我々は誰とも合意点を見つけることなどできやしない。皆が我々を心底憎んでいる…。我々の兵士たちは破壊し尽くすことが名誉ある行動だと勘違いしている。こうすることで彼らがドイツ民族へもたらす物とは、恥辱と報復しかない。しかし、彼らは狂ったように行動している。私はスモレンスクで全てを抑え込んで、やめさせようと試みた。人道的にありえなかったからだ。そこにいた馬鹿者たちは皆、総統からの命令だから大丈夫だと信じていた。これら全てを見た私は吐き気を催した。(18)

ドイツ軍によるソ連領の占領が徐々に終息に向かった一九四三年春から一九四四年夏は、征服の時と同じくらい激しい暴力が振るわれた期間だった。犯罪的政策から免れ、生き延びたソ連人にとっては、戦争は終わったどころではなかった。赤軍は、解放された領内で彼らを部隊に加えた。そして、内務人民委員部(NKVD)や軍事諜報部の部隊は、「対独協力者」や「サボタージュした者」を追い詰め、拘束し、収容所に移送するか殺害した。その一方で、ソ連の市民が耐えた惨苦はすぐに分厚い覆いを被され、その覆いは戦後に厚みを増していく。ソ連は、破滅的戦争の被害者を脇に置いて、兵士やパルチザンのヒロイズムを讃美することに着手したのである。

ソ連兵による復讐は当然か

一九四五年一月、第1、第2、第3白ロシア正面軍に配置された赤軍の三〇〇万人以上の兵士が、第三帝国の入口、つまり一九三七年時点の国境に到達した。ドイツ国防軍の防衛線は、リトアニアからハンガリー、メーメルからカルパチア山脈まで数百キロにも及んでいた。両軍は一四〇〇日以上にわたって軍事史上類を見ないこの殲滅戦争を戦ってきたが、この数ヶ月で、主導権はソ連軍の方に移っていた。英米軍とも共有していたその目的はただ一つ、第三帝国の無条件降伏だった。これが一九四三年一月に既にカサブランカ会談でローズベルトとチャーチルが示していた目標であり、スターリンも賛同していた。一九四四年五月一日、スターリンは「致命傷を負ったファシストの野獣を追い詰め、その巣窟に対して最後の突撃を行う」ことを目的に掲げた。ソ連の公式プロパガンダは、「ヒトラー・ドイツに対する決定的で完全なる勝利(19)」を見据えた最後の行動だと、意気揚々と伝えている。

ゲルハルト・シュタルケは一九四四年に東部戦線の宣伝中隊に配属された元従軍記者である。彼の回顧録で指摘されている通り、赤軍の軍事的能力は一九四一年以来上昇の一途を辿ってきたが、終戦に向かう最後の数ヶ月は驚くほど急速に上がっていった。シュタルケがとりわけ感心したのは、広い突破口を作り出し、ドイツ軍の防衛線を撃破できる重砲の精度と機械化師団の機敏さだった(20)。実際、ソ連軍のスピードは、東プロイセンにいたナチ党幹部が想像していた以上であることが度々あった。彼らが集団避難の道を行く避難民たちの車両を抜き去ることもしばしばであった。

赤軍兵士は数千キロも移動してきていた。ソ連の攻撃は自軍兵士の犠牲をしばしば伴うものであったが、生き残った者や初年兵も、戦友の死、ドイツによる焦土作戦、市民への暴虐行為、町や工場や記念碑の破壊に直面することとなった。数十万もの男女が、時には自分自身の家族が、工場や大規模農場で強制労働従事者として従事するために帝国領内に移送させられていたことも知っていた。

ドイツ領の入口が近づいてくると、ソ連のプロパガンダは、部隊を奮い立たせるために報復方法を並べ立てている。ソ連兵に配布されたポスターやパンフレットでは、「ファシスト」が手を染めた残虐行為を思い出させ、全てのドイツ人を殺すために「獣の巣窟」に侵入するよう駆り立て、仕返しをするという正当な権利の名において、略奪し、女性を陵辱することを許可していた。仕返しは、ある種の倫理的絶対命令に格上げされた。それはイリヤ・エレンブルク(訳注1)のような作家の筆によって正当化された。多くのドイツ兵は、憎悪の呼びかけがなされていることを、一九四四年秋にばら撒かれたビラで知った。「赤軍兵士たちよ、ドイツの女や娘という戦利品を獲得しろ。女を手に入れ、肉体の香りと快楽に酔いしれよ。ファシストの殺害に耽るのはその後でよい。ゲルマン人のブロンドの女を奪ってドイツの傲慢さを叩きのめせ。(21)」

同じ頃、赤軍兵士が手を染める戦時の暴力を大至急制御しようという指令が出されている。将官は、部隊内の規律を保とうと知恵を絞った。オコロコフ将軍は、第2白ロシア正面軍の政治委員の責任者として行った一九四五年二月六日の演説で、この暴力を制御するという課題に触れることを避けなかった。

もし軍の内部で、戦利品探し、略奪、下僚の上官への不服従という事例が蔓延しているのであれば、まだその軍は戦闘する能力があるのか疑われることになる。敵の領土を奪うにつれ、勝利に酔った部隊が規律を失うという例は歴史上枚挙に暇がない。そうなれば、侵攻当初とはもう全く別の様相を呈する。戦線の政治任務にとって、口頭や書面でのプロパガンダによって部隊内の規律を回復させること、そして党の組織によって示された方針に基づいて決定された措置に訴えることほど重要な任務はない。(22)

下級兵士たちがこの種の演説に少しも納得しなかったのは明らかだ。というのも、最低限の規律を保つために指令や注意喚起を何度も発しなければならなかったからである。一九四五年四月、『プラウダ』

は、将来の独露関係に支障をきたさぬように、「ファシスト」、つまりナチ党のさまざまなレベルでの代表者と、「ドイツ人」とを区別するよう呼びかける公式見解を発表する場となった。スターリンが、ドイツ市民を寛大に扱おうと望んでいたのは、戦後を既に見据えていたのであり、ヒトラーを排除した後のドイツ国民をどのように管理していくべきかを考えていたからである。ドイツ国民にどんな未来を提案すればよいだろうか。どのように戦争というページをめくればよいのだろうか。

一見すると、報復への呼びかけと破滅的戦争の経験とを並べて置くことは、東プロイセン、それからドイツ東部での赤軍による行き過ぎた暴力行為を説明する解明の手がかりとして説得力がある。したがって、このような分析図式では、一九四一年六月二二日以来、日を追うごと、年を追うごとに堆積してきたであろう非常に高いレベルの暴力性と攻撃性を、ソ連兵全員に自ずと持たせてしまう。しかしながら、肉体への暴力を解き明かす出発点としてのこの種の推理は疑ってかかる必要がある。

復讐法の証拠を提示するためには、兵士の証言に憎しみの痕跡を見出せねばならないだろう。ただし、この惨劇を説明する杓子定規な解釈を事後に示した被害者側の証言だけでは不十分である。このような暴力が存在しなかったというわけではない。それでも筆者はただ、暴力行為は、それが展開していった構造との関係で考えられなければならないと言いたいのである。したがって、この暴力を、死への欲動が破滅的に凄まじい形で表れてしまった特殊な状況に、いま一度置いてみる必要がある。ドイツ人歴史家イェルク・バベロフスキが言い当てたように、「暴力が吹き荒れている時に起こっていることを理解

（訳注1）ソ連の作家、「大祖国戦争」では対独宣伝活動に従事し、『パリ陥落』（一九四一年）、『嵐』（一九四七年）、『雪どけ』（一九五四年）などの長編がある。

するために肝心なのは、考えや動機ではない。むしろ、行動に影響を及ぼすのは、空間、位置関係、制約なのだ。」[23] 別の言い方をすれば、暴力行為は常に原因と関連づけられるが、その時の状況が、どのようにして暴力行為を増長させるばかりか、猛威を奮わせることまでも可能にしてしまうのかを探ってみて初めて理解可能となるのだ。

このように、暴力は、その最も過激な形態においてですら、初めに観念ありきではなく、まず位置づけがなされるべきなのだ。この場合の復讐心のように、極めて信憑性が高く、極めて明白なものも含めて、行為者に自動的に意図を押し付けがちだ。しかし、現実には暴力は当たり前でも、軽々しく実行されるものでもない。往々にして、暴力は行為者全体の集団に結び付けられてしまう。ソ連兵は常に暴力的生き物であるわけではない。そして、いつでもそうなるのではなく、タイミングやその時の状況によるのだ。それを決めるのは、個人のパーソナリティというより、どんな状況に置かれているかだ。このような、ほぼ衝動的な暴力は、決して自動的に起きるものではないし、とりわけその発生には決して法則性などはない。ここでは、ナチのプロパガンダで広められ、一九五〇年代以降ドイツ国防軍の退役軍人が再び言い出した、ソ連兵を「アジアの遊牧民」と決めつける赤軍の本質論的解釈を捨て去らねばならない。この解説の図式こそ、禁じられたトラウマ的記憶が蘇りつつあった一九九〇年代以降に書かれた自伝的文章で筆者が見出したものだった。赤軍を構成した一人一人の本性だとして、全員ひっくるめて冷血漢にしたい誘惑は大きい。だが、この一人一人とてスターリン時代の恐怖体制の直接的あるいは間接的被害を受けたソ連の市民だったことは忘れてはならないだろう。

ソ連兵の心境を突き止められるのではないかと思えるような従軍日誌を、ソ連兵はほとんど残していない。しかし、少しずつ、歴史の痕跡は点として姿を現し、第二次世界大戦末期を新鮮な見方で読み直す可能性を与えてくれる。[24] その意味で兵士イヴァン・パナリンの証言は非常に珍しく、よって、とても貴重ということになる。筆者の知る限り、彼は一般の読者には馴染みがない。一九四五年二月二七日と五月九日の間の日記帳に書かれたことを読むと、彼の言葉はイデオロギーには全く染まっていないことが分かる。I・パナリンは一九歳の新兵で、一九四五年二月のポンメルンにおけるソ連側の攻撃で初陣を迎えている。彼は、この地で数週間続いていた戦闘でぞっとするほど被ったソ連兵の損失の埋め合わせに来たのだった。この若き戦車兵は、従軍日誌を通じて、どうやって自分の戦車部隊が、物質的にも人的にも凄まじい犠牲を伴いながらも、ドイツの防衛線を突破し、ロストックまで辿り着いたかをいきいきと語っている。パナリンは、仲間のゴロテンコと共にブランデンブルクの町に至る国道を進んでいた。兵士も民間人も戦車も馬も自動車もトラクターも一緒くたになっていた。二人はその初日から、殺されないためには殺さなければならないことを悟る。彼の記録を読んで印象深いのは、彼の心と身体には常に不安が巣食っていることだ。この感情は震えとなって身体に表れている。パナリンは、兵士と民間人とが不信感を向け合う人間の集団の真っ只中にいた。そこでは死なないことが双方の至上命題だった。小競り合いが起きるたび、パナリンは死ぬ時はいとも簡単に死ぬものなのだと思い知らされている。この不安感は不意に起こる故障で何倍にも増幅する。自動小銃は故障するし、道の真ん中で戦車は動かなくなる。そうなると、一瞬で、対戦車砲を持つドイツ軍の格好の的になってしまうのだ。

僕らの戦車がトラクターの荷台に突っ込み、道を塞いでしまった。前にも後ろにも行けなくなった。戦車は人間と馬の血の匂いにまみれてしまったし、僕らの自動小銃はもう使い物にならなくなった。僕は苛立って戦車から這い出て、ゴロテンコと一緒に手榴弾でドイツ軍の攻撃に対抗し始めた。そうこうしているうちに、仲間の戦車がやって来た。逃げたドイツ人もいたが、他の奴らは殺した。[25]

日が暮れ、彼の部隊はそのまま路上で夜を明かそうとしていたものの、パナリンの戦車はキャタピラーと固定子が損傷していた。そこで、若き戦車兵は、確とした理由なく、二〇〇メートル先にある住民のいなくなっていた村に向かって発砲する。雨が降り、どんよりとしている。パナリンは、ずぶ濡れになり汚い。そして怯えている。落ち着きを取り戻すため、その日の夜は、放棄された一軒の家を占拠して、仲間たちと一緒にワインを飲む。最後の文章の一つに、生き抜くための法則に等しかったコメントを記している。「酔い潰れるのはあまりに危険だった。[26]」

パナリンは記述に憎しみも憂いも表していない。彼の日常は、間近に迫る暴力が染み渡っており、そしてそれはいつ何時起こってもおかしくないのだった。期待の地平は命を落とす不安で常に遮られている。彼の従軍日誌のページにはいつも同じ要素が同じ調子で現われる。部隊の行軍。厳しい戦闘。避難民の群れ。頻発する技術的問題。仲間の一人が自動小銃の手入れをしていたところ、二人の兵士を殺してしまった日のような事故。人的被害は甚大だ。二月二七日には七五両の戦車が動く状態にあったのに、一〇日後には、パナリンのを含む、たった七両しか残っていない。[27] 日常的にドイツの民間人との交流はあり、おおむね平和的だ。ここでは女性にコーヒーを振る舞われたり、あそこでは昼食中のドイツ人家族に加わったりといった具合だ。だがその昼食も、仲間たちが攻撃されてしまったため、戦争という厳しい現実に呼び戻されるまでのことだった。

彼は自分が殺されるのを免れるために人を殺す。リトヴィネンコのような仲間の戦車兵たちが殺されたり重傷を負わされたりするのを見る。食事をしていても寝ていても、とにかく寒くて空腹でいつも怯えている。激烈な戦闘の後には気持ちを鎮めようと酒を飲む。時折飲み過ぎて、次第に二月二七日に喚起された最低限のルールを守らなくなってくる。たとえば、ソポト近隣で過ごした三月二〇日の夜のこと、彼は酩酊して地下貯蔵庫で眠り込んでしまう(28)。彼はまた、部隊がダンツィヒ解放に参加した三月二六日のように、ドイツ人女性たちと関わりがあったことにも言及している。パナリンと仲間のシューストはほろ酔い状態で町外れの地下貯蔵庫を見て回り、ドイツ人民間人を見つける。大半は女性だ。

僕らが現れ出て、彼女らは震えていた。ソ連兵が怖かったのだ。薄汚れた僕らの顔が彼女らを怖がらせたのは本当だ。ロシア人捕虜たちが捕虜監視員を激しく非難して僕らに仕返しを頼んできたが、断った(29)。

四月一四日、パナリンはノイシュタットに着く。またしても酩酊状態で彼は家に入り込み、二人のドイツの娘を発見する。彼女らは二〇歳だったが、老婆に変装していた。彼は、片手にはナイフ、もう片方の手にはピストルを握って、その家に避難していたドイツ人を威嚇する。パナリンは両方の武器を置く。その後二人の同僚に別の家に案内され、そこで夜を過ごす(30)。この状況で、パナリンは一人だったかもしれないし、一人か二人の仲間と連れ立っていたのかもしれない。出会ったドイツ人女性を強姦しようとしていたことは考えられるとしても、実際に行為に及んだかどうかを思わせる記述はない。彼自身は、ある村で強姦現場に居合わせるが、関わることを好まずそのまま床に就いている(31)。

パナリンと彼の部隊は四月二七日に、デミーンの南東一二〇キロの所のプレンツラウを包囲し、三〇キロほど行軍を続ける。彼らは、道には伏兵が、家の中には狙撃兵が隠れている可能性に終始苛まれる。

彼らはピストルを肌身離さず、通過した村の家々を綿密に調べるが、それらは大抵所有者に放棄されていた。[32] 彼らは時折、解放されて国に帰る途中のロシア人元強制労働従事者たちに遭遇している。パナリンが語る逸話からは、どれほど気持ちが張り詰めていたのかが分かる。

再び家の中に足を踏み入れようとしたときに、納屋に目をやった。脱穀前のライ麦の穂がぎっしりと詰まっていた。何やら藁の中でがさがさと音がした。ぎょっとして叫んでしまった。「おい、ここに誰かいるぞ。」しかし隠れていたのは豚だと分かった。笑い転げて家に戻った。飲んで、食べて、眠りについた。[33]

四月末、パナリンの戦車部隊は技術的問題のために行軍が遅れてしまう。一番進んでいた部隊からすると一五〇キロもの遅れをとっている。その部隊は四月三〇日にはデミーンに到達している。五月一日の午後、パナリンは、名前は思い出せないある町を包囲する。（五月二日到達目標の）ロストックに向かう路上で、彼は途方に暮れたドイツの民間人や軍人を立て続けに目にする。

彼ら「ドイツの民間人」は、プロパガンダのせいで恐れをなしていて、ロシア人は人間ではなく、悪魔のように尻尾と角がある黒い動物だと信じきっていた…。ドイツ人はパニック状態に陥り、「アメリカ人ですか。イギリス人ですか」としきりに尋ねてきた…。ロシア人が人間だとわかると、彼らの態度は多少落ち着き、表情は和らいだ。ドイツ人たちは、僕らがここに来たのは、ドイツ人の方が僕らの平和を乱したからであり、僕らがもたらす無礼も苦しみも全て正当化されるのだと理解してくれた。[34]

イヴァン・パナリンは、「平和な生活が始まった」[35]日である一九四五年五月九日まで従軍日誌を書き続ける。彼の記録は、白旗やタバコで迎えてくれるロストックの市民たちとの温かい交流、勝利を祝う酒盛り、近隣の村での性的暴行を伝えている。

戦争状態になると、常に、暴力行為は見えない脅威として感じられる。それは神経と身体に絶えず影響を及ぼす。赤軍は、人数においても技術においても優勢だったにもかかわらず、それを十分に活用できる状態にはなかなか至っていなかった。いざ対決という場面で、兵士たちは恐怖あるいは感情が昂って身動きできなくなることが頻繁にあったからだ。フランスの歴史家たちの間では未だそれほど知名度は高くないアメリカ人社会学者ランドル・コリンズの考えを踏襲するなら[36]、ソ連兵の暴力行為の原因は、そのような状況の力学の中にむしろ求められるべきだと強調することが肝心である。暴力は、火山噴火のように、特定の感情的文脈との関係で現れるものである。何よりそれは、潜在的に気持ちがはりつめた状態で相まみえる、というかなり厳密に限定された状況で生じる相互作用的行為である。行為者は恐怖を物ともせず、自分自身を支配し、目の前の相手をも感情的に支配するに至る必要がある。この緊張を乗り越えるには次のようなものが助けになりうる。アルコール、権威の不在。そうして得られる、万能で罰を受けないという気持ちや集団で気が大きくなるという感覚などだ。

ロシア人への恐怖はドイツ市民に行き渡っていた。ソ連兵のデミーンへの到来について次章で述べる前に、ドイツでのソ連兵による暴力行為の原点、すなわちある種の爆心地として今なお紹介される悲劇の前例について振り返っておくのが適切だろう。その前例とは一九四四年一〇月のネマースドルフ村の虐殺だ。この悲劇的事件の記録を改めて取り上げること、それは極めて残忍な暴力的エピソードの、イデオロギー的というよりはむしろミクロヒストリー的な読み直しを試みることである。近年、現地で早くも一〇月二四日に提出されていたドイツ国防軍軍事警察内部報告書が見つかった。ドイツ人歴史家たちに活用されているこの報告書によって、一連の伝説全てを崩すことが可能となった。これらの伝説は、事件直後にナチ当局によって、続く冷戦時代には、この虐殺に赤軍による戦争犯罪の典型例という意味合い与えることに熱心だった元兵士によって生み出されてきたものだ(37)。

ソ連兵はひとたびドイツ領内に入ると「当然のごとく」憎しみで溢れていたという考えから出発するよりも、この惨劇を新しい角度で再検討し、デミーンの事件の数ヶ月前に荒れ狂った暴力の力学に立ち戻ることが必要だろう。この前例は、デミーンの住民によって他の事例と共に引き合いに出されることになったという点で極めて重要である。こうして、この前例は、デミーンの住民たちの経験領域の間接的な一つの例と、惨劇後の解釈の一つの要素になっていくのである。

ネマースドルフの虐殺という前例

一九四四年一〇月半ばには、赤軍第3白ロシア正面軍の先頭の部隊は、約一四〇キロという広範囲な前線で繰り広げられた攻勢の中で、東プロイセン国境に達することに成功していた。一〇月一九日、第11軍第2戦車軍団の中で最も前進していた兵士たちが、ハインリツィ将軍の生誕地でもあるグンビンネン郡に侵入した。代々プロイセン王がいた歴史的首都ケーニヒスベルク（現カリーニングラード）から一〇〇キロほどの所である。兵士らはアンゲラップ川の岸にたどり着いたが、それを渡るには、ネマースドルフの村にある、その地方唯一のコンクリート橋での検問を通らねばならなかった。

一九一四年以来初めて、ロシア兵はドイツ帝国領を再び占拠していた。ロシア兵は、まだ避難していなかった、もしくは故郷《ハイマート》を離れるつもりはなかったこの地域のドイツの民間人と接し、直に対面することにもなった。東プロイセンでは、第4軍のホスバッハ将軍が一九四四年夏から民間人の避難を奨励していたが、大管区長エーリヒ・コッホはこれに猛反対していた。コッホは一九二二年以来のナチ党古参党員としての立場からヒトラーに直言でき、ヒトラーの後ろ盾があった。それで戦争に負け、崩壊は避けられないという印象を人々に与えたくなかったのだ。逆に、彼は総力戦の教義を盲目的に実践し、国民突撃隊《フォルクスシュトゥルム》（ドイツ国防軍の補充民兵）を通じて一五歳から六五歳の男子全体を召集している。こうして、一九四四年秋になっても、実際に避難は一切準備されず、コッホはそれを公的に禁止すらした。市民にその場を離れぬよう縛りながら、情勢の逆転に至るはずの決定的第一段階である、durchhalten《ドゥルヒハルテン》、つまり何としても持ち堪えるという公式言説を熱狂的に実践したがっていた。この盲目的非妥協性は、西プロイセンやポンメルン方面を目指し駆け出していた多くのドイツ人のなんとしても生き延びようという意志に現場でぶつかっている。ドイツ軍の部隊がいる前線に至るはずのこれらの道では人々がひしめき合っていた。脱出しようとすれば誰もがまずはネマースドルフとそのコンクリート橋を避けては通れなかった。橋には地雷が敷設されていたが、最大限の車両と戦車がアンゲラップ川を渡れるようにと、現地当局は橋を破壊しなかった。

一九四四年一〇月二一日からは、T34戦車で構成された第25戦車旅団で最も進んでいた約一五〇人の兵士たちが、ネマースドルフの村を少しも抵抗に遭うことなく包囲し占領した。人口六三七人の村からは住民はほとんど逃げ出していた。残っていたのは、高齢者、病人、強制労働従事者（ポーランド人とフランス人）、さらにもっと西に向かう集団避難の道すがら休憩を取っていたヨッーネンやノルトガレンといった近隣の村々からの避難民だけだった。ソ連兵たちは、橋での円滑な通行を維持しようと、ドイツ語を話す一人の将校の命令で、後続の部隊が着くまでは避難民たちの列を通していた。動きを加速させるため彼らは何発か空砲を放ち、武器や爆弾を所持していないか、鞄を検査した。ベルンハルト・フィッシュが軍公文書館と目撃者の許で行った調査によれば、ソ連兵は、ポーランド人強制労働従事者たちによる密告をきっかけに、午後になってドイツの民間人を殺害し始めた。この少し後、村長のヨハネス・グリムの逮捕で同じ光景が再び繰り広げられた。村長は、ポーランド人女性強制労働従事者に密告され、銃で頭を撃ち抜かれたのだった。これらのことから、殺害の対象とされたかどうかは、どうも強制労働従事者の受けた扱いと関連があったと思われる(38)。ちょうど同じ頃、村の外の塹壕に避難していた民間人たちのところにソ連兵たちが訪れていた。ソ連兵たちは弾薬や武器を探し出そうと持ち物を調べたが、目に見える暴力は振るわれなかった。フィッシュが面会した目撃者の一人は、ロシア人らは子供たちと遊んでいたという報告すらしている。ソ連兵の態度が変わったのは、ドイツ軍が村を奪還しようと反撃を始めた一〇月二二日だった。今日でも理由ははっきりとは分かっていないが、ソ連兵らは二六人のドイツの民間人を殺害した。ネマースドルフは一〇月二三日にドイツ国防軍によって奪還されたが、ヘルマン・ゲーリング連隊の部隊の一つが三〇分も経たぬ間に一五〇人の兵員の喪失を記録したように、これには多大な犠牲が伴っている。一一月初頭のより大規模な反撃により、一度は東プロイセンの外へソ連軍を押し戻すことができたのだが。

真実を解明するあらゆる機会は、長い間ずっと失われてきた。当時の調査報告書は消え、記憶は混乱し、プロパガンダという層が速やかに事件を覆ったからである。被害を免れた村と破壊し尽くされた村との間で、殺害された市民と重傷を負った市民との間では、それぞれの証言からは互いに矛盾する描写が聞かれた。最大の難しさは、デミーンの場合でもそうなっていくのだが、死者数の正確な数を数えることにある。話によっては、その死者数は二六人から七三人との間で揺れているからだ。幸運にも、ドイツ国防軍軍事警察が作成した報告書がドイツ外務省公文書館で見つかった。この報告書によって、ネマースドルフの虐殺にまつわる一切の伝説を解体し、暴力の力学を再検討することが可能となったのである。

まず、ネマースドルフの民間人に振るわれた暴力が、予定されていた命令ないしはソ連軍内部で上から下に非公式に与えられたある種の白紙委任によって行われたとする証拠は一つもない。虐殺を単純に赤軍兵士の「獣のような野蛮さ」に結びつけて説明することもできない。特別凶暴な一部の者が、暴力手段の使用に関してある種のノウハウや専門性を高めるに至っていたという事例を分析に含めることを否定はしないが、常にその時の状況や情動の有り様から出発しなければならない。ドイツ軍との決死の対決が、特定の状況でソ連兵に一線を越えるに至らしめたのは明らかだが、はじめからは何も決められてはいなかった。また、この暴力的状況が、ソ連軍に明らかに有利な数的形勢で作り出されたことも直ちに思い起こしておかなければならない。村を占拠したソ連兵は一〇〇人を超えていたのに対して、逃げる余裕がなかった市民は数十人だった。その上、力関係も非対称だった。ソ連兵は武装していたが、住民は自衛する装備など全くない民間人だった。ネマースドルフに居合わせた人々は、子供も女性も高齢者も、明らかに武器は（ナイフさえも）所有しておらず、抵抗らしい抵抗ができるような体格でもなかった。この虐殺は、ドイツの民間人が実際の軍事的脅威になりようのない、暴力とは無縁な状況下で起きたのである。

次に、肉体へ暴力を実際に行使するにあたり、直接手を下したソ連兵の正確な数を知るのは不可能である。いうまでもないが、これは行われてあたりまえの暴力では決してない。実際にこの虐殺に何人が加わったのだろうか。女性や子供の身体を切断するといったおぞましい罪を犯すに至るほどの攻撃レベルの兵士とは何者なのか。この事例について考えるには、どんな暴力実践に関する一般的要素に依拠すればよいのだろうか。

通常知られているのは、紛争状況における暴力行為それ自体は、少数派によってなされるということであり、公衆の目には勝手に行動していると映るこの少数派は、この種の状況では到底無視できない影響を生み出すということだ。そのうえ、東部戦線でドイツ軍が手を染めた戦時の殺戮に関する研究は、普通の兵士の大部分が、しまいには、暴力行為に加わってしまうことを示している。[39] ランドル・コリンズによる暴力のミクロ社会学の研究でも、公衆は、その場にいることで行為者たちを後押ししてしまうという意味において能動的であり、暴力行為を拡大させ、長引かせてしまう要因になると証明しようとしている。アルコール摂取が影響していなさそうなネマースドルフの事例においては、振るわれた様々な形式の暴力に実際に誰が加わったのかを知るのは興味深いだろう。たちどころに人を殺した動機や犯された残虐行為の性質がどんなものであれ、決め手となる出発点を絶対に見失ってはならない。それはすなわち兵士たちの感情がどのような状態に置かれていたかである。ほとんど放棄され、無防備状態にあった村を包囲したとき、彼らはどのような心理状態にあったのだろうか。強制労働従事者たちが口にした内容とは何だったのか。強制労働従事者たちは自分らが受けた扱いの恨みを晴らすために、ソ連兵に民間人を殺すよう仕向けたのだろうか。

イヴァン・パナリンの証言が示すように、多くのソ連兵は、そこそこ年配で、そこそこ経験があっても、極度に神経質になっていたと考えられる。別の言い方をすれば、復讐心に突き動かされる前に、彼らは皆、流れ弾に当たったり、待ち伏せ作戦に引っかかったり、狙撃兵からの銃弾に倒れることになるのをとても恐れていた。ランドドル・コリンズが「対面状況的緊迫」と呼ぶものの段階の特徴を、ネマースドルフ村占拠の事例で示しておくのがいいだろう。潜在的に対立関係にある者同士に社会的交渉があったときの感情の状態は、体の緊張となって表れ、心拍数の増加につながる。これが二つの敵対勢力の一方が暴力的行為に移る道を開くか開かないかを決める。一〇月二〇日から二二日の間は、状況は緊迫していても、常時同じように張り詰めていたわけではなかった。証言では、ドイツ語が上手いソ連の将校たちが、市民の何人かを自宅に物を取りに行くために橋を通らせていたことが語られている。子供らと遊んでいた兵士すらいた。そうして、理由は分からないものの、非常に危うかったに違いない感情の均衡状態が崩れてしまった。どのように起きてしまったのか。ファイファー中尉が早くも一〇月二五日に作成した軍事警察の報告書がある。その二日後にはゲッベルスによるメディアの大々的活用が始まるが、この報告書が記すには、殺害された市民は二六人であり、強姦が疑われたのは一件である。ナチ当局によって、そして後になって、国民突撃隊の元メンバー、クルト・ポドレクのような歴史に残る証言者たちによって主張された、死者七三人という人数にはほど遠い。ネマースドルフを最初に包囲した一人の、ある別のドイツ兵は、納屋の扉に磔にされた女性は六人だったと語っている。

ドイツ軍が迫ってきたことで、ソ連兵は村を後にして、あわててその場で判断を下さざるをえなくなった。それはランドドル・コリンズが「前方への逃避」と呼ぶものだ。まるで、村の占領当初から積み重なっていた感情的緊張が、発散されるべき破壊的エネルギーと化してしまったかのようだ。ソ連兵は恐怖を感じ、今度は彼らが全能の行動力を誇示することで脅しをかけようとしていたのかもしれない。彼らは二六人の市民を殺害し、そのうち一三人は女性で、五人は子供だったが、ドイツ警察はたった一〇人程度しか身元確認ができなかった。どうやら残りの者たちは、避難民であり、村の住人ではなかったのだろう。ファイファー中尉が作成したドイツ国防軍内部の警察報告書では、肉体の切断や納屋の扉に磔《はりつけ》にされた女性たちの話のような肉体へ猟奇的攻撃については、いかなる形であれ言及されていない。発覚した一件の強姦事例と、推定されるもう一件の事例には触れられている。

しかし、ネマースドルフを奪還すると、ドイツ当局はこの戦争犯罪を早速念入りに演出して活用している。胸に熊手を突き刺された農夫、納屋の扉に磔にされた女性、不具にされた事例は複数、といったように。犠牲者たちは、国民突撃隊のメンバーによって集団墓地に埋葬されていたのに、牧草を敷いた地面に並べ直された。女性のスカートはわざわざ捲り上げられ、下着、あるいは性器が露わにされた。こうすることで強姦されたと思わせるようにしたのだ。

早くも一〇月二七日に、ナチ体制はネマースドルフを襲ったボルシェヴィキによる常軌を逸した殺戮を攻撃する大規模プロパガンダキャンペーンを開始した。ゲッベルスは、この戦争犯罪のセンセーショナルな性格を利用して怒りを掻き立てることで、東部戦線にいるドイツ兵にある種の復讐熱が高まるよう望んでいたのだ。この殺戮は、「ソ連人の獣性」に対してドイツ人の恐怖心を引き起こすことを目論んだ彼の行動計画にぴたりとはまっていた。ニュース映画では、ソ連兵たちの「野蛮な」行動を証言するために女性たちがインタビューを受け、ソ連兵らが、一三歳から六八歳の多数の女性を強姦し、高齢者の身体を痛めつけ、幼児を虐殺したと証言した。『フェルキッシャー・ベオーバハター』をはじめ、プロイセンやチューリンゲンの地方紙も同様にドイツの新聞は、ネマースドルフを扱った記事の中で、首に銃弾を撃ち込まれて殺された多くの女性たちのことや、市民の避難計画が進行中であったのに村の家という家が略奪にあったことを大々的に報道している。

このように、ネマースドルフの虐殺は、一九四四年秋にはすでに、ドイツ市民に対するソ連の戦争犯罪の記憶の場として仕立て上げられていた。これがきっかけで、ある国際委員会は調査を行うこととなり、ベルリンでは軍事法廷の審問という形で演出された。これは赤軍による戦争犯罪を告発するヨーロッパの共鳴箱としての役目を果たした。ネマースドルフは、これから起こる別の虐殺、別の強姦、別の破壊を予言する要素として、ソ連軍のケダモノのような暴力の始まりの瞬間として紹介された。それは、間接的には抗戦の呼びかけでもあった。降伏とは、ソ連兵の野蛮さに屈服することだからだ。ところが、メディア作戦は成功しなかった。シュトゥットガルトの内部報告書は、情報作戦が逆効果となっていると強調し、当のゲッベルスも一九四四年一一月一〇日の日記で失敗だったと記した。一一月二二日に書いたコメントで、再び彼は「東プロイセン地方において、何名かのナチ党責任者に対してソ連兵が遂行した野蛮な虐殺」(40)を取り上げたが、市民への暴力については触れなかった。そしてヒトラーの宣伝大臣はこう付け加えた。「この仲間たちは野蛮な方法で死に追いやられた。我々は大地に力の限りしがみつき、ソ連軍の前進から精一杯身を守る以外に道は残っていないことを、この大罪は十分すぎるほど我々に証明している。」(41)

この虐殺がメディアで大々的に取り上げられたことは、動員計画の面では結局逆効果であったものの、西プロイセン、シュレージエン、ポンメルンからの市民（そしてフランス人、ベルギー人、ポーランド人戦争捕虜）の脱出を促すこととなった。ネマースドルフ以降、帝国周辺地域の多数の住民にとって、決断の時の鐘が鳴った。今こそ、荷物をまとめ、荷車や自動車に可能な限り載せ、馬を用意し、避難民で溢れている道に飛び出すしかない。いったんドイツの西方へ向かうのだ。生きていれば、戦争が終わった後、多分いつか戻れると願いながら。

生き延びた末の旅路

脱出の道を進んだドイツ市民の顛末については、後年、回顧録の形で書かれた自伝的物語や証言がたっぷりと語ってくれる。作者は女性が目立つ。たいがい、子供たちや、姉妹、おば、義姉妹、母親といった女家族を連れて旅立ったのだった。明らかに備えが不十分だった彼女らを待ち受けていたのは、寒さや雪だけではない。道路は人で溢れかえり、近道を行こうとするとでこぼこで、子供は泣き止まず病気になり、ソ連の戦闘機による道路への機銃掃射を受け、兵士に捕まれば性的暴行を受けることもあった。ハインリツィ将軍は一九四五年二月二五日の日記で、ロシア人の行動に関して実に恐ろしいことを耳にしたと伝えている。

オペルンでは、彼らはロシアへ男たちを移送している。老人と女が堡塁や道路の建設に従事しなければならない。女や娘はとんでもなくひどい扱いを受け、強姦も横行している。最低限の礼儀も、わずかな人間的思いやりすらなくなっている。人間は、好きなように弄ばれる物に成り下がった。気晴らしで殺される。我々の時代は、三十年戦争のあらゆる恐怖をはるかに追い抜いてしまった。(42)

この証言に端的に表れているのだが、ハインリツィは一九四一年から一九四四年の間にソ連領で自軍の兵士が働いた暴力のことには一言も触れていない。筆者は、ドイツのエメンディンゲンのドイツ日記資料館にて、デミーンにごくたまたま居合わせた避難民たちの跡を辿ることができた。マリーア・ディークホフは一九一六年にシュテティーンに生まれ、フォアポンメルンのスヴィーネミュンデ（現シフィノウイシチェ）の信心深いキリスト教徒の家庭に育った。一家はナチのイデオロギーには反感を持っていたが、母親の処世術で、娘をナチ党の下部組織でドイツの少女たちを対象としたドイツ女子同盟に入れた。学生時代、マリーアは、町の同じ女子高校に通うBという娘と仲良くなった。二人の娘は、戦争初期に異なる道を選んだが、一九四〇年代末まで連絡を取り続けた。しかし、ドイツの分断が二人の交流に終止符を打った。マリーア・ディークホフが自伝的物語で描いたこの交流から、ソ連軍の到来に左右された二つの異なる運命を再構成することができる。マリーア・ディークホフは図書館司書になるための勉強をしていた。他方、教師となったBは、東プロイセンの小さな町の小学校に派遣されていた。マリーア・ディークホフの回想録ではその町の名前は明かされていない。ソ連軍部隊が東プロイセンに侵攻し、Bのいる町に迫りつつある中、Bは最後の避難用車両で西へ発つこともできたが、そうはしなかった。Bは、村に残っていた一人の若い女性とその二人の子供を見捨てられなかったのだ。この若き母親は荷物をまとめてはいたが、馬を操る術を知らなかった。それでBはこの女性と残って、二輪馬車を操り、一緒に避難の道を行くことにしたのだった。しかし、彼女らはソ連兵に捕まり、東ポンメルンのポーランド農夫に引き渡されてしまった。どうも彼女らは、他のドイツ女性たちと奴隷市場のようなところで売られたようだ。B、若い女性、二人の子供は、あるポーランド人農夫の自宅納屋での仕事に割り振られ、再会した。数週間後、全員がチフスに罹った。Bだけが、片手に後遺症は残ったものの、生きながらえた。Bはザクセン州に移って、ドイツ社会主義統一党（SED）のメンバーになり、そこで教師として勤め上げた、と強調してマリーア・ディークホフはこの挿話を締めくくる。二人の文通からは、どうもBは一度として身の上を話したがらなかったようだ。Bの逃避行は失敗したのに対して、マリーア・ディークホフの逃避行は首尾よくいった。地理的環境も異なっていた。若き図書館司書は、転落したせいで脚にギプスを嵌めていて自由に動けず、シュテティーンにいた。母親とおばは、スヴィーネミュンデを離れてデミーンの友人の家に避難していた。これを知ったマリーアは、自分も彼女らのところへ行こうと決めた。ドイツ女子同盟に所属していたことで特別列車の切符が手に入り、一九四五年三月中に親族に合流することができた(43)。

同じ頃、二三歳のイレーネ・ブレーカーは、まだゴルコウにとどまっていた。シュテティーンから西へ三〇キロほどの所にある、ポンメルンの小さな町だ。幼い男児（ホルガーは一九四三年に生まれたばかりだった）の母親でもある彼女は、P医師の下で医療事務員として勤務していた。実家に、両親、義理の両親、義姉と住んでいた。夫のヴェルナー＝ヴァルターは、一九四四年秋に東部戦線で行方不明になったきり、消息はなかった。一九九〇年代末に書かれた回顧録で、「終戦がどのような形になるかは分かっていなかった(44)」と記しているものの、戦況に関しては現実的な見方をしており、公式情報など全く信用していなかったようである。第9軍所属の従軍記者だったゲルハルト・シュタルケが指摘していたように、「現実主義とは既に敗北主義である」と謳っていた親衛隊のプロパガンダも、英雄的防衛と戦略的退却について繰り返すことしかできなくなっていた(45)。だが、イレーネ・ブレーカーは、東プロイセンから逃げてきて、ゴルコウの隣の、人口三〇〇〇人の小さな町レクニッツを通ってきた市民たちに、来る日も来る日も話を聞いて回っていた。

東プロイセンでのひどい話を散々耳にした。強姦された女や凍え死ぬ子供の話だ。(46)

レクニッツは、親衛隊少将ハインツ・ハーメルの指揮下に置かれた第10SS装甲師団「フルンツベルク」によって二月始めから防衛されていた。一九四三年二月にフランスで結成されたこの部隊は、一五二七年のローマ包囲で知られるようになった一六世紀のバイエルンの傭兵隊長の名を冠していた。ウクライナ、ノルマンディ、オランダ、アルザスでの戦闘に投入された後、この部隊は再び東部戦線に移動してきていて、ソ連軍の攻勢開始を見据えて待機や予備として配置されていた。(47)

四月の始め、ようやくイレーネ・ブレーカーは家族とゴルコウを発つ決心をした。ブランデンブルク辺境伯領大管区長エーミール・シュテュルツの命令に背くことになることは分かっていた。彼は、ナチ党からの正式命令のない避難は全て厳しく禁止していた。ゴルコウの他の住人たちに倣って、イレーネ・ブレーカー一家は命令に従わずに、ドイツ西方への道へ飛び出した。幹線道路は部隊の移動専用となっていたため、それに次ぐ一般道路を選んだ。イレーネ・ブレーカーは両親の自動車と二頭立て四輪馬車を使ってゴルコウを出発した。彼女は、幼い息子、両親、義父、義姉、P医師とその妻と連れ立った。幾つものスーツケースとガソリン缶を持って出たが、一般道路も何重にも列ができて交通は詰まり、停滞し、何時間も停止してしまう有様だった。自動車も荷車も自転車も歩行者も、途切れることなく一方向だけに動いていった。何としてでも西へと、エルベ河の向こうへと進まなければならなかった。ソ連兵の手に落ちないようにという、たった一つの目標に支えられていた。進んでは止まり、止まっては進んでという状況だったために、避難民の隊列は、ソ連の飛行機からの機銃掃射から逃れられなかった。イレーネ・

1936年のデミーン：市場広場と市庁舎を臨む（Demminer-Heimatverein e. V）

ブレーカーは回顧録に語気を強めて書いている。

二日したらロシアの戦闘機が現れるようになり、避難民の列に向かって撃ってきた。私たちは「コーヒーミル」のようなエンジン音が聞こえたらすぐに溝やら茂みやらに隠れた。「コーヒーミル」、敵機のことを誰かがそう名付けたのだった。(48)

まだまだ冷える長い夜を、彼らは茂みや下草を寝床にして過ごした。逃避中、廻り道、迂回、通行止めにしょっちゅうぶつかり、イレーネ・ブレーカーはゴルコウを出てからの時間の観念すら失ってしまった。

イレーネ・ブレーカー、マリーア・ディークホフ、歴史上では無名な他のあまたの人々の選択とは、無駄な犠牲となることに抗った生の選択に他ならない。当然、ソ連兵への恐怖心から選んだ道ではあった。だが自らの命を捧げることで現に起こっている政治イデオロギーの破滅的戦争の責任を取ることは御免だという思いもあった。戦争の成り行きだった

デミーンの位置を示す 1944 年のドイツの地図

り、進軍してくるソ連兵から逃れたいためだったりと理由は様々だが、一兵卒グスタフ＝アドルフ・スキッペ、若き医療事務員イレーネ・ブレーカー、未来の図書館司書マリーア・ディークホフ、一家の若き母ヘレーネ・ザックは、一九四五年四月、デミーンで一堂に会することとなった。多くのドイツ兵が恐れていた「鍋に入れられる不安」はみるみる現実のものとなっていき、町は、女性たちが赤軍兵士のなすがままにされる暴虐空間へと閉ざされていってしまったのである。

（1）Masha Cerovic, « De la paix à la guerre: les habitants de Minsk face aux violences d'occupation allemandes », *Relations internationales*, n° 126, 2006, p. 67-79.

（2）J. Baberowski, *Räume der Gewalt*, *op. cit.*, p. 190.

（3）Th. Mann, *Journal 1940-1955*, *op. cit.*, p. 96〔『トーマス・マン日記　1940-1943』前掲書、四四二頁〕.

（4）*Ibid.*, p. 97〔同書、四四四頁〕.

（5）Peter Jahn, « 'Russenfurcht' und Antibolschewismus : Zur Entstehung und Wirkung von Feindbildern », *in* Peter Jahn, Reinhard Rürup (dir.), *Erobern und Vernichten. Der Krieg gegen die Sowjetunion 1941-1945*, Berlin, Argon, p. 47-64.

（6）Christian Ingrao, *La promesse de l'Est : Espérance nazie et génocide (1939-1943)*, Paris, Seuil, 2016.

（7）Christopher Browning, *Des hommes ordinaires. Le 101e bataillon de réserve de la police allemande et la solution finale en Pologne*, traduit de l'anglais par Élie Barnavi, Paris, Les Belles Lettres, 1994〔『普通の人びと——ホロコーストと第101警察予備大隊』谷喬夫訳、ちくま学芸文庫、二〇一九年〕.

（8）Masha Cerovic, *Les enfants de Staline. La guerre des partisans soviétiques (1941-1944)*, Paris, Seuil, 2018.

（9）次を参照のこと。P. Jahn, « 'Russenfurcht' und Antibolschewismus...», *op. cit.*

（10）Timothy Snyder, *Terres de sang. L'Europe entre Hitler et Staline*, traduit de l'anglais par Pierre-Emmanuel Dauzat, Paris, Gallimard, 2012〔『ブラッドランド——ヒトラーとスターリン 大虐殺の真実』上・下、布施由紀子訳、ちくま学芸文庫、二〇二二年〕.

(11) Peter Longerich, *Nous ne savions pas : Les Allemands et la solution finale, 1933-1945*, traduit de l'allemand par Raymond Clarinard-Book, Paris, Le Livre de poche, 2009.

(12) J. Hürter (éd.), *Notizen aus dem Vernichtungskrieg, op. cit.*, p. 86.

(13) Christian Ingrao, *Croire et détruire: Les intellectuels dans la machine de guerre SS*, Paris, Fayard, 2010［『ナチスの知識人部隊』吉田春美訳、河出書房新社、二〇一二年］.

(14) Dieter Pohl, *Die Herrschaft der Wehrmacht. Deutsche Militärbesatzung und einheimische Bevölkerung in der Sowjetunion 1941-1944*, Munich, Oldenbourg Verlag, 2008, p. 322.

(15) Journal de Xavier Kößl, *in* Christian Hermann (éd.), *Verflucht sei der Krieg. Tagebuch eines deutschen Soldaten, 1941-1943*, Dresde, Militärhistorisches Museum, 2002, p. 34.

(16) D. Pohl, *Die Herrschaft der Wehrmacht..., op. cit.*, p. 327.

(17) J. Hürter (éd.), *Notizen aus dem Vernichtungskrieg, op. cit.*, p. 220.

(18) *Ibid.*, p. 223.

(19) Joseph Staline, *Über den Großen Vaterländischen Krieg der Sowjetunion*, Berlin, Dietz Verlag, 1952 (1945), p. 117［『ソ同盟の偉大な祖国防衛戦争』清水邦生訳、国民文庫、一九五三年、一九四－一九五頁］.

(20) DTA 1479, *Mit Stenoblock und Kübelwagen, op. cit.*, p. 310.

(21) 第12戦車師団の大尉が書いた一九四四年九月一七日付の手紙で報告されている。次を見よ。« "Il n'y a qu'une seule solution pour les Juifs : l'extermination". L'image du Juif dans les lettres de soldats allemands (1939-1944) », *Revue d'Histoire de la Shoah*, 2007/2 (n°187), p. 13-58.

(22) 次の文献に引用されている。Elke Scherstjanoi (dir.), *Rotarmisten schreiben aus Deutschland. Briefe von der Front (1945) und historische Analysen*, Munich, Saur, 2004, p. 60.

(23) J. Baberowski, *Räume der Gewalt, op. cit.*, p. 32.

(24) Nikolaï Nikolaevitch Nikouline, *Soldat de l'Armée rouge (1941-1945)*, traduit du russe par Christine Zeytounian-Beloüs, Paris, Les Arènes, 2019.

(25) *Eine Stimme aus dem Jahre 1945. Das Tagebuch von Iwan Panarin..., op. cit.*, p. 17.

(26) *Ibid.*, p. 19.

(27) *Ibid.*, p. 25.

（28）*Ibid.*, p. 39.
（29）*Ibid.*, p. 51.
（30）*Ibid.*, p. 55.
（31）*Ibid.*, p. 75.
（32）*Ibid.*, p. 67.
（33）*Ibid.*, p. 69.
（34）*Ibid.*, p. 79.
（35）*Ibid.*, p. 95.
（36）Randall Collins, *Violence. A Micro-Sociological Theory*, *op. cit.*
（37）Bernhard Fisch, *Nemmersdorf im Oktober 1944. Was in Ostpreußen tatsächlich geschah*, Berlin, Edition Ost, 1997; Elke Scherstjanoi（dir.）, *Rotarmisten schreiben aus Deutschland*, *op. cit.*
（38）B. Fisch, « Nemmersdorf im Oktober 1944 », *in* Elke Scherstjanoi（dir.）, *Rotarmisten schreiben aus Deutschland*, *op. cit.*, p. 291 et suivantes.
（39）Ch. Browning, *Des hommes ordinaires...*, *op. cit.*［前掲書］．Harald Welzer, *Les exécuteurs. Des hommes normaux aux meurtriers de masse*, traduit de l'allemand par Bernard Lortholary, Paris, Gallimard, 2007.
（40）H. Möller, P. Ayçoberry（éd.）, *Journal de Joseph Goebbels*, *op. cit.*, p. 619.
（41）*Ibid.*, p. 620.
（42）J. Hürter（éd.）, *Notizen aus dem Vernichtungskrieg*, *op. cit.*, p. 236.
（43）DTA 3801, 3, *Lebenserinnerungen von Maria Dieckhoff*, non paginé.
（44）DTA 131, *Sowar's! Lebenserinnerungen 1922-1997*, *op. cit.*, p. 63.
（45）DTA 1479, *Mit Stenoblock und Kübelwagen*, *op. cit.*, p. 327.
（46）DTA 131, *Sowar's! Lebenserinnerungen 1922-1997*, *op. cit.*, p. 64.
（47）作家ギュンター・グラスは、一九四四年一一月に武装親衛隊に入隊し、後にこの師団の歩兵となったことを二〇〇六年八月に認めた。次を見よ。Thomas Serrier, « Günter Grass et la Waffen-SS. La mémoire maudite d'un Prix Nobel allemand », *Vingtième Siècle. Revue d'histoire*, n° 94, 2007, p. 87-100.
（48）DTA 131, *So war's! Lebenserinnerungen 1922-1997*, *op. cit.*, p. 66.

第四章

秩序も出口もない空間

町に避難民が溢れるとき

一九四五年の初め以来、デミーンにはひっきりなしに避難民が流入していた。町は、東西プロイセン地方から逃れ、どんどん押し寄せてくる避難民を毎日ひたすら受け入れた。若きウルズラ・シュトローシャインは、ハンブルクの親戚のところで数週間過ごした後で両親の元に戻ってきたところであったが、「よそ者が溢れかえっているものの無傷だったデミーンの立派な旧市街(1)」をまた見られると思うと心が弾んだ。「しかし、いったい皆どこにいくのだろう」と、ヘレーネ・ザックは一九四五年三月一七日の日記に訝しげに疑問を書いている。六週間後には、避難民の波が尽きない中で、イレーネ・ブレーカーは一〇〇キロを踏破しデミーンにたどり着いている。一緒にゴルコウを飛び出してきた人々のうち、彼女のそばに残っていたのは、二歳の息子ホルガー、レクニッツの医者であるP医師とその妻という友人夫婦だけであった。集団避難の混乱の中で、ある日彼女は、アンクラムの町近郊でのソ連軍機による避難民の列に対する攻撃の際に、義理の両親とは離れ離れになってしまっていた。この小集団が一九四五年四月末のある日の夜明けに到着した時には、すっかり衰弱しきっていた。

私たちはデミーンで、墓地の近くの、町の近郊の大きな館にとどまっていた。館の住人たちは、夜のうちに集団避難の途についていた。私たちは疲れ果てて歩き続けることができず、体力を回復させるために一晩眠ることにした。(2)

同じような運命にあり、同じような体験をした他の避難民たちと同様に、イレーネ・ブレーカーは肉体的にも精神的にも極度に疲労した状態だった。デミーン目前というところで、彼女の荷車は砂利道にはまり込んでしまい、轍から出られなくなってしまった。心身ともに参っていた彼女には、数百メートル先の目的地まで荷物を運んでいくだけの力はなかった。同様の状況は、明らかに彼女だけのことではなかった。というのも彼女は、町に着いたところで「たくさんの、たくさんの貴重品が道端に捨てられていた」(3)ことに気付いたからである。

彼女にとっても、西プロイセン、東プロイセン、シュレージエン、あるいは東ポンメルンから来た多くの他の避難民たちにとっても、この町の名前は特に気に留めるようなものではなかったことは明らかで、これは言及がないことからも証明されている。イレーネ・ブレーカーやマリーア・ディークホフの手記の中にも、グスタフ＝アドルフ・スキッベのノートの中にも、ヘレーネ・ザックの日記の中にも、デミーンの描写は見当たらない。町に魅力がなくて興味を惹かないということではなく、通りにも家にも教会にも住民にも、注意が向けられていないのである。

つまりデミーンは、避難民たちが使い果たした体力を回復するために一時的に滞在する場所であり、通過してきたいくつもの休憩地の一つに過ぎなかった。イレーネ・ブレーカーにとってのアンクラム、マリーア・ディークホフにとってのスヴィーネミュンデ、グスタフ＝アドルフ・スキッベにとってのノイブランデンブルクのように。理屈の上では、デミーンへの到着は避難の終りを意味してはいなかった。目的は、ソ連軍兵士の到着から逃れるために、再出発して西方への避難をさらに続けることであった。ヘレーネ・ザックのように数ヶ月来デミーンにいる者たちに関しては、もちろん出発する考えはあったものの決めあぐねていた。どこへ、誰と、どうやって向かえば良いのか分からなかった。すでに一九四五年二月六日、ロシア軍のドイツ領内侵攻の知らせに接して、ヘレーネ・ザックは書いている。

日記よ。今書けるのは悲しい事だけ。ロシア軍がドイツに入ってきた。私たちは毎日、出発することを考えている。ピューリッツ、アルンスヴァルデ、キュストリンそしてケーニヒスベルク。ロシア軍は至る所にいる。彼らはじきにシュテティーンそしてベルリンに入るだろう。落ち着かないといったらない。昼も夜も、一つのことしか考えられない。どこに行ったらいいのだろう。(4)

毎日、この避難民の絶え間ない人波を目にして、彼女は次第に勝利へのいかなる望みも失っていく。

デミーンは避難民で溢れている。ブスケ牧師の家にはシュテティーンからの七人（母親と六人の子供）が牧師館の事務所の中に、一八人が私邸の三つの部屋に分かれている。(5)ブレッカー夫人宅にも、ケーニヒスベルクからの女性が二人の子供と生活している。もう勝利は信じられない。もうそんな道は残っていない。(6)

学校は宿泊施設になっていて、寝床として藁が敷かれていた。住宅は母親やその子供たちを受け入れるために接収された。ヘレーネ・ザックは、逃避計画を練るだけでは満足していなかった。彼女は、デミーンの北東五キロに位置する村、ペンジン近くの納屋に自分の貴重品を隠そうと考えていた。

イレーネ・ブレーカーといえば、彼女は当時、時間の感覚を失っていたと、証言の中で認めている。彼女は、デミーンに着いた日を思い出すことが出来なかった。「私は、あれが一体何日だったのか思い浮かべることができなかった。」[7]日常のリズムから切断された特異な経験として、彼女は、自分の避難を一種の社会的時間から完全に離脱し、正常なリズムと完全に断絶したように過ごしていた。彼女の一週間には、もはやいかなる社会的制度や構造も登場しなくなった。ゴルコウから出発して以来、過ぎゆく時間との関係も、この時間そのものの性質も完全に変化してしまったのである。イレーネ・ブレーカーは、通常の社会的時間から、不安に溢れ、将来の見通しが制限された時間、彼女自身が身体的時間感覚を失ってしまうような異常な時間の中に放り出されてしまったのである。ある意味では、そして彼女の証言がそれを示すように、彼女が過ごしていた二重の時間性は、それでも社会的なものに留まっており、フランスの社会学者ジョルジュ・ギュルヴィッチが驚愕の時間と不確定的な時間と呼ぶものだった。[8]

驚愕の時間、それは打ち切られた時間、つまり安定した時間からは断絶した時間である。というのはデミーンへの到着までイレーネ・ブレーカーは絶えずソ連軍の戦闘機の標的となっていたからであり、さらに彼女先へ逃げようとするのを遅らせたり妨げたり阻止したりするあらゆる出来事や物質的故障にさらされていたからである。不確定的な時間、それは将来のことを考えることが困難であるために、現在に支配される時間性であり、生存本能によって不可避的に構造化された時間性である。

住民と避難民の困難な共存

一九四五年二月以来絶え間なく押し寄せる避難民の波は、デミーンの住民の生活を一変させた。ハインツ＝ゲルハルト・クヴァートの概算によれば、この三ヶ月の間に住民の数は五〇％、一万五〇〇〇人から二万二〇〇〇人に増加していた。(9) 避難民を引き受けた地元の当局は、すぐに手に負えなくなり、場所の不足が深刻になり始めていた。市役所は、まずは民間の住居の部屋を接収したが、その後、学校の校舎を利用し、床に直に藁布団を敷いて避難民たちを寝かせた。住居のシェアにおいては、日常の人間関係は、互いの生活習慣がしばしば非常に異なっていたがゆえに、困難ないしは緊張を伴うものであった。一九〇三年にデミーンで生まれたマリー・ダプスの回想録によると、夫が出征してから、自宅には二人の子供たちと彼女だけになっていた。彼女は市当局が割り当てた避難民たちを自宅に住まわせることになった。マリーが記すには、メーメル地方出身の老女との同居生活は、老女が何に対しても、些細なことにも繰り返し小言を漏らすために、そしてとりわけ、夜遅くに肉をオーブンで焼いたり、四六時中フライパンで何かを炒めたりという一風変わった癖によって、複雑なものになっていった。(10) このような難しさには、避難民たちが自分たちの本拠地と異なる場所で、かつての生活習慣を再現したいという欲求が関係していた。このような危機の時代、ある意味現在を同じようには生きていない人々の間では、時間との付き合い方が異なるということに証言を通じて気づくことができる。(11) デミーンの住民たちは、日常生活が（自宅を離れるというような）断絶の影響を受けていないという意味において、ロシア人が来るまでは比較的いつもと変わらない生活を送っていた。これに対して、デミーンに辿り着いた避

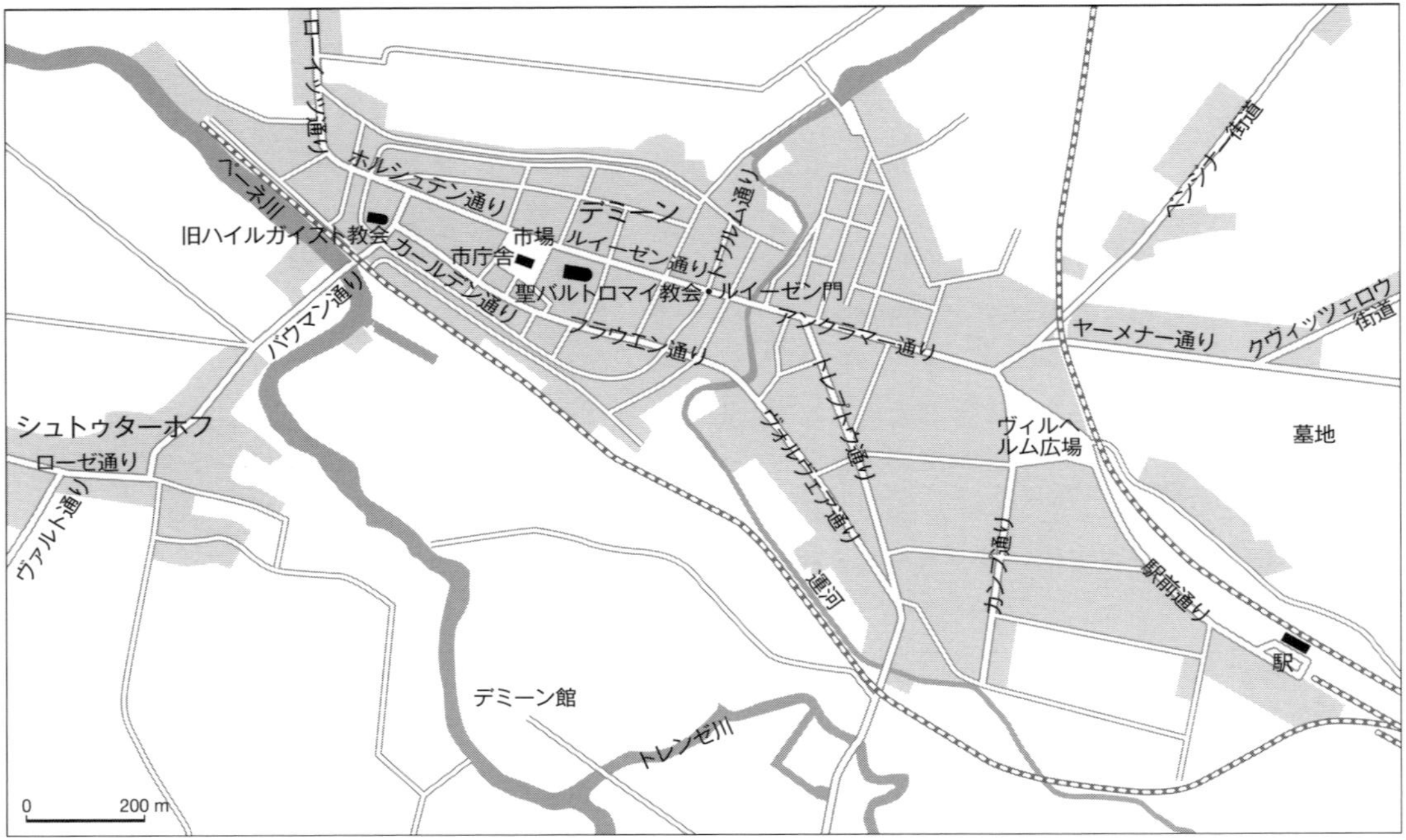

建築家 W・ケルナーによって 1922 年に作成されたデミーンの町の地図

難民たちは、すでに逃避行という苦痛を経験してきており、それをなんとか乗り越えようとしてきた。マリーア・ディークホフは、回想録の中で、彼女の叔母アリアーネの家が接収されて、どのように避難民宿泊所に変容したのかを描写している。

こうして私は、避難民ではち切れそうなアリアーネおばさんの家にたどり着きました。彼女はやり手ぶりを発揮して仕切っていました。彼女は日々の仕事の担当を振っていました。もっとも年下の子たちが食料品店の前で行例することから戻ってきたところでした。(12)

軍隊式に日常を編成するというこのような方法には、何よりも「よそ者」とみなした人々に規律を課したいというアリアーネ叔母さんのような、一部の住民たちの意思が表れていた。「よそ者」に指図し、結果として町の一角に一時的な場所を充てがうというこの方法にはまた、たとえ彼らがドイツ人であっても、よそ者へのある種の拒絶反応がうかがえる。このような避難民に対する慎重どころか敵意さえむき出しにした態度は、世界とは固定した秩序があるところだと思い込んでいることと関係している。なぜなら、一人ひとりには割り当てられた場所があり、何らかの理由でそこを離れた時には、その場所を最終的に失ってしまい、移動した時にはそこに戻ることはないからだという。

避難民たちと日常を共有することで、住民にも選択の時がやってきた。出発すべきか留まるべきか。出発するならいつ、どこへ。西の方か。近隣の森や村に隠れるべきか。

最終的勝利がますます疑わしいものになったとはいえ、ヘレーネ・ザックのようなデミーンの住民たちは、一九四五年春になっても町から大挙して逃げ出すことはなかった。証言を突き合わせてみると、地元住民の圧倒的多数は戦争終結を熱望しているものの誰もロシア軍による占領は望んでいなかったことがわかる。そこにある感情は、疲労感、苛立ち、恐怖、希望そして待機の感情が混ざったものであった。民間人たちは、戦争が終わっていないものの終わりが間近に迫っているというこの時間性の中で、極めて居心地の悪い宙ぶらりんの状況に置かれていた。時間は、ナチ権力の確固たる存在とソ連の脅威の不在との間で間延びしているかのようであった。しかしながら、食糧供給の面では文句なしの状況であるにもかかわらず、心許なさは増す一方であった。言い換えれば、この戦争末期にあって、デミーンに不足しているものは何一つなかった。町には、兵舎をはじめ、数多くの食糧貯蔵所があった。地元の行政当局は四月には、五月分の食糧切符を配布していた。肉屋デューフィアは営業しており、ノルベルト・ブスケの祖母は、自分の誕生日だった四月三〇日に、何が入手できるかを見に行っている[13]。

不安は、部分的には、地方レベルでのナチ体制の急進化という、デミーンにおける政治的方向性の変化にも由来している。デミーンの地区長官、ゴットフリート・フォン・ウント・ツー・ギルザ（一九一三年以来在職）は、一九四四年一一月にダンツィヒ出身でより非妥協派という評判のナチ党の官僚に代わられていた。この大地主は一九四五年春からは、デミーンを離れてヘッセン州北部の自分の土地に避難している。ついで一九四五年四月には、シュトルト市長を中心に市役所スタッフ全員が解雇させられて、最終勝利に向けた徹底抗戦主義の言説を適用させようという方針の外部からきたナチ党幹部がとって代わっている。

誰もが西方への出発を考え、実際に計画していた。そうはいっても、住民たちの圧倒的多数は、町にドイツ国防軍が駐屯していて、その将校たちがオーデル川の防衛線は堅固だと保証していたためにまだ安心しきっていたのである。住民たちはナチ党の地域代表たちの言葉にしがみついていたのである。デミーンの行く末がどうなるかと疑問を発したウルズラ・シュトローシャインの叔母の不安な質問に対して、ヒトラーユーゲントの地元の責任者（旗手団長《バンフューラー》）は自信たっぷりに答えている。「われわれはデミーンを守る！」(14)

デミーンの住民の戦争体験は、その大部分が間接的なものであった。それらは、ソ連軍の野蛮さの恐ろしい話を広める公式のプロパガンダのルポルタージュ、新聞や手紙の文通相手からの手紙に限定されていた。少し前からは、時折、これらの情報が、避難民からの口頭で伝わる話によって補足されたり、確認されたりすることもあった。そのために強姦の実体験、あるいは耳にした話がデミーンでは広まっていた。しかし多くのドイツの町とは異なり、デミーンは英米軍の空爆からは完全に免れていた。町の西方一〇キロほどのところに位置しているトゥトウの軍事基地周辺に爆弾が数個投下されたことは確かにあったが、市内や周辺の村ではいかなる破壊も報告されてはいなかった。この地方では一九四三年以来、主にベルリンやシュテティーンが空爆されていた。シュテティーンは、一九四四年八月一七日の爆撃の際にかなり広範囲に破壊されている。さらにマリーア・ディークホフが回想録に記しているように、一九四五年三月一二日の朝、デミーンの東、九〇キロに位置する小さな海辺のリゾート地スヴィーネミュンデが集中的な爆撃の標的になっている。六六一機ものアメリカ軍の爆撃機は、一時間で一万四〇〇〇人の犠牲者を出し、作家テオドア・フォンターネが幼少期を過ごした町を廃墟にしてしまった。四月二七日に赤軍に包囲されたプレンツラウやパーゼヴァルクのような町の破壊のニュースも、避難民たちの絶え間ない到着によって、じきに伝わっている。

恐怖を感じていたのはドイツの民間人たちだけではなかった。デミーンで強制労働に使役されていたポーランド人やロシア人の戦争捕虜たちも激しい恐怖に囚われていた。彼らの中には、ルイーゼン通りの裏庭に位置していた建物に住んでいる者もいた。この通りは、町の主要な商店街の一つであり多くの職人たちの工房もある。ウルズラ・シュトローシャインの父親のミネラルウォーター製造工房、毛皮職人ヴェッフェジン、服飾商人シュトルト、文房具商ランツァンキ、八百屋ピケルト、薬屋エスターリン、酒屋フィンクなどだ。ウルズラ・シュトローシャインの証言からは、強制労働従事者たちが赤軍の到着の知らせでパニックに陥っていることが分かる。ドイツ語教師のロシア人女性アナスタスは次のようにウルズラ・シュトローシャインの母親に話している。

「私たちの国ではスターリンに関わることだけが正しく、それはあなた方の国にとってのヒトラーです。その他については……」そして彼女は、手で払う動きをした。(15)

マリーア・ディークホフは自身の回想録の中で、五月初めに出会ったロシア人戦争捕虜についても言及している。マリーアが彼に出会ったのは、デミーンを逃れ、西へ一三〇キロに位置する町トラムに向かう道中、ソ連軍機の機銃掃射を間一髪で免れた後のことだった。この捕虜は歴史学者で、彼らの会話はフランス語でなされた。この言語をマリーア・ディークホフは図書館司書の勉強をしている時に学んだことがあった。

それは一介の兵士で、捕虜になって、ある地主に割り当てられていたロシア人でした。彼は馬の世話をしていて厩舎に寝泊まりしていました。私たちの夕刻の会話は、この人物に大きな喜びを与えた、というのは間違いないです。それはこの時期には稀なポジティブなことでした。彼は、ロシアに帰国すればおそらく処刑されるだろうと言っていました。彼は捕まるべきではなかったのです。(16)

三月一七日、ヘレーネ・ザックは、デミーンの東、一三〇キロに位置するシュテティーンがソ連軍に包囲されたことを知る。日記に彼女は「出発の時が来てしまった」とはっきり書きつつも、二行先では本当は留まりたいしロシア軍が撃退されるかもしれないという期待を述べている。彼女のメモからは心の中の葛藤が滲み出ている。留まって奇跡を待つべきなのか。出発するとして、一体どこへ行けば良いのか。それに全てがじきに終わるとしたら。決心のつかないヘレーネ・ザックであったが、敗北した場合にドイツ人に待ち受けることには何の幻想も抱いてはいなかった。「私たちには有終の美はありえない。犠牲者たちはみんな無駄死にしたのだろうか。(17)」

マリー・ダプスは、フレンスブルクの大地主の親戚から、彼女にできるだけ早く合流するよう厳命する電報を受け取っていた。薬剤師のクールマンについては、使用人のエルゼ・Rの手紙によって、彼がハンブルクに向かうために町を離れる意思があったことがわかっている。結局彼はこの計画を断念している。一九四三年以来の爆撃によって荒廃したハンザ都市よりも「ここの方が悪くないと考え(18)」たからだ。その上、イギリス軍がシュトラールズントに来ていると噂されていてデミーンはイギリス軍に占領されるものとの憶測も広まっていた。(19)

町を離れないという選択は、ソ連軍の到来が不可避になる前に決着をつけたいという意志とも両立しうるものであった。マリーア・ディークホフと彼女の母親は、東プロイセンから到着した避難民たちから「私たちに対するロシア兵の振る舞いに関する恐ろしい事」を聞いていた。「それを聞いた後で母は、それら全てから逃れることを考えるべきではと私に言った。」[20] しかしマリーア・ディークホフの母親が思い描いた逃避は、彼女の頭の中では、逃避行を続けることを意味してはいなかった。彼女は、娘に一緒に死のうと提案しようとしたのだ。事後にマリーアはこの時の状況を次のように描いている。特に、芽を開花させる樹液溢れる木と、これから先に輝かしい未来がある女性との対比というところには描写のセンスを感じさせる。

母はモルヒネと注射器を握りしめていました。[21] 母は自分の思うようにしたかったようですが、私は即座に拒否しました。私にはまだまだ経験していないなかったことがたくさんありました。今でもはっきりとこの時のやりとりの際の母の顔を覚えています。ふと外を見ると、新芽に溢れた一本の木が聳えていました。[22]

自らの命を絶とうという自発的行動は、自殺という考えを多くの人々が持っていた一九四五年春の全体状況に刻み込まれている。一九四五年三月には、ドイツ人の世論の一端をなしたこのような精神状態は、ナチ党内部の情報機関によってしっかりと察知される。「自分たちの命を断ちたいという考えに多くの者がとりつかれている。毒やピストルなど命を絶つあらゆる手段を求める声が至る所で強くなっている。」[23]

もっとも、自殺はまじめな選択肢以上のものであった。というのも、それは多くの高官や体制の幹部だけでなく、普通のドイツ人によっても実行に移されていたからである。一九四五年春以来ソ連軍に占領された地域だけでも、デミーン以外の場所で起きた集団自殺を複数指摘できる。その一例がポンメルンのシェーンラントである。テオドア・シーダーが主宰した歴史家委員会が一九五〇年代初めに復元した事実の真実性を実証することはできないものの、証言者たちは自殺者が五〇〇人という数字を主張した。(24) イギリスの歴史家クリスチャン・ゲシェルは、とりわけベルリンのケースの検討をもとに、より全般的なこととして「自殺という疫病(25)」という言葉を使っている。

自殺を考えたのはマリーア・ディークホフの母親だけではない。ゴルコウを出て以来、イレーネ・ブレーカーは常に、自らと息子のホルガーの命を絶つものを入れた小袋を肌身離さず持ち歩いている。彼女が当面、一晩ぐっすり休んでからまずP医師と共に取り掛かったことの一つは、町に情報を集めに行くことであった。歩き回っていてたまたま接点を持ったのが国防軍の大隊長であった。彼女の証言によれば、大隊長は、住民たちが四月末までデミーンに留まっているという事実は別の要素、言ってみれば体制の最も狂信的な幹部たちが与える恐怖から説明がつくと力説する。

彼（国防軍の大隊長）は、町に対する権限はもう彼にはないのだと言う。権力を握っているのは親衛隊の副隊長たちであり、彼らは町の防衛に動員するために誰彼構わず徴用しているため、私たちは用心しなくてはならないということだった。大隊長自身、この「番犬たち(26)」の監視対象だそうだ。金属か真鍮でできた大ぶりなプレートを胸元に吊り下げているのがこの親衛隊員たちで、彼らに従わない者は即座に処刑されるとのことだ。(27)

彼らは、戦争初期には、国防軍が占領した地域における陸軍憲兵——軍事警察——の部隊に属し、前線の後背地の秩序を維持するための様々な機能を担っていた。一九四三年からは、これらの兵士は主に軍内部の監視や懲治事案を担当するようになった。戦争末期、脱走や戦闘拒否の企てが発覚しようものなら、即刻処刑対象とされた。一九四五年四月一一日には、脱走の罪を宣告された兵士ルードヴィヒ・オレシュに絞首刑を執行している。彼らには、イレーネ・ブレーカーの回想録では言及されていない別の渾名がついていた。それはヘルデンクラウアー、文字通り訳せば「英雄の捕捉者」である。彼らは、集団避難に紛れているかもしれない脱走兵を探すために、避難民を運ぶ乗り物や救急搬送車両を監視していた。

内容が豊かだったことが手に取るようにわかる大隊長とのやりとりには、「対戦車擲弾筒を装備して、第一線で戦うために派遣された少年兵たち(28)」のような、国民突撃隊の隊員の動員の様子も出てくる。四月末の数日間、親衛隊は動員された人々に、町の周囲に塹壕を掘るように要求していた。とりわけデミーンの東五キロほどのところで、女性や若者たちがスコップで対戦車溝を掘らされていた。福音主義教会の教区監督アハターベルクとカトリックの司祭ヴェッセルスは、ナチ党の地区責任者ヴォラーと大隊長ベルガーに、デミーンを無防備都市と宣言するよう説得を試みたが、うまくいかなかった。ベルガーは、党の決定に逆らうようなことはできないと拒んだのだった。内科医ギューリヒからの最後の要求も却下された。それで彼も、アハターベルクの場合と全く同じように、出発を早めることにした。

かくして住民たちは町を出ようという気持ちがあったものの、現地にいる親衛隊が実施する恐怖政策によって次第に難しくなっていった。歴史家のイアン・カーショーがまさしく指摘しているように、

「体制の断末魔の中で、以前は輸出されていたテロルが、［迫害されている少数派だけでなく］ドイツ国民自身の上に襲いかかってきたのだ。(29)」親衛隊は、避難民たちの西方への出発を妨げるために、町にかかる全ての橋を占拠し、塞いでしまった。大隊長は、イレーネ・ブレーカーとP医師に、避難している屋敷に戻って、親衛隊の強制動員を免れるために隠れているように勧めている。大隊長は「番犬たち」の手入れの可能性を知っていたはずである。というのもイレーネたちは、帰ってきたぎりぎりのところで、その地区に車が入る音が聞こえたからである。親衛隊は、塹壕に送り込める男たちがまだ残っていないか探していたのである。

家々は「番犬たち」に調べられていた。私たちはP医師を大きなベッドの下に隠した。この部屋の中で、椅子と本棚を逆さまにして、ベッドの前に並べておいた。親衛隊員は部屋を順にさっと覗き込んでいった。私はHを抱きかかえて廊下に立っていて、兵士でも誰でも見つけたらすぐに彼に知らせると言った。(30)

しかしながら、デミーンの住民たちは、かなりの数の市当局の代表者たちを始めとして、四月二九日より前から町を離れようと画策していた。徒歩で、荷車をつけた車やつけない車で、あるいは自転車で。彼らは森の中や、水辺の近くの湿地の背の高い草地の中に隠れたり、近隣の村の友人や親族のところに避難場所を見出そうとしていた。大管区指導者シュヴェーデ・コブルクが、町の南方にあるデーヴェナーの森の中の小屋に隠れているという噂が広まっていた。

デミーンの失職した市長のシュトルトは、ウルズラ・シュトローシャイン一家に、家をみておいてほしいと頼みつつ別れを告げた。彼は妻と共に、自転車に荷物を詰めこんで出発したが、遠くまでは行けなかった。というのも、町の外に出る道の途中で見つかってしまったからである。彼らは撃ち殺されたが、処刑したのが「番犬」たちだったのかどうかは不明である。[31] その他の体制や国の地域代表たちは運良く、最後の車列で出発していた。

最後の車列で出発するか、それとも置き去りとなるか

一九四五年四月二八日と二九日以来、デミーンの政治秩序は、政治的、軍事的そして警察の権力が一緒になって逃げ出してしまったことで、崩壊してしまった。あらゆる形態の合法的権威が解体し始めていた。警察は、軍の部隊と共に町を離れてしまい、デミーンは無秩序な潜在的暴力空間へと変容してしまった。もっとも急進的だった地元エリートたちが最後まで町に残っていたが、彼らすらいなくなった。このような崩壊の只中にあって、かなり多くの人々が究極の選択を迫られた。発つべきか留まるべきか。

国防軍は、デミーンの町を防衛するために戦い抜くつもりはなかった。グスタフ＝アドルフ・スキッべは、一九四五年四月二八日土曜日の日誌に、町からの撤退を準備する命令が下されたと記している。[32] 彼は事務所を空にして最後の部隊の出発のための車両を動かすことに取り掛かっていた。彼は気分が「晴れなかった」[33] が、この感情はおそらく彼の母親が誕生日だったことと関係していた。おそらく彼は、死んでしまったら母親と二度と会えないことを恐れていたのだろう。デミーンの高校教員で、平和主義的思想ゆえに早くも一九三三年ナチスによって解雇されていたヴィルヘルム・ダマン[34] もまた、一九五五年に書いた回想録の中で、「崩壊への最終段階にあった」[35] と描写している。軍は、筆舌に尽くし難い人の群れに取り囲まれながら、残っていた肉や缶詰の備蓄をばら撒いた。男子小学校に置かれていた野戦

病院も撤退を始めた。建物の講堂で伏せっていた負傷者たちはトラックや馬に曳かれた荷車で運び出された。隊列は北方へ、マイエンクレープス橋を超えて、ペーネミュンデに向けて立つはずであった。四月二九日日曜日の昼ごろ、ソ連の空爆があった。W・ダマンはそれをイギリス軍によるものと思った。この空爆での物理的損害は大してなかった。[36]

他方、グスタフ＝アドルフ・スキッベは、四月二九日の特記事項を彼の戦争日誌の中で、出来事の間の論理的関係を示すことなしに、きわめてあっさりと記している。あたかも、全てが彼の頭の中で混乱し、この日の出来事を理解しようとしても整理がつかなかったかのようである。

我々の事務所を引き払い、戦闘機からの一度目の一斉射撃、低空飛行する軍用機、避難民の中に死者が続々、全開、押し戻される軍隊、恐ろしい光景。[37]

しかし四月二九日の日中は全体としては平穏なままだった。一九九〇年代に息子が聞き取りした証言の中で、マリーア・ブスケは四月二九日は「一息つけた短い瞬間」[38]だったと語っている。それはあたかも、ソ連軍の到着に際して時間が停止していたかのようであった。その間にブスケの家では地下室の柵を鋸で挽いて、脱出の際の避難口を作ろうとしていた。事態が決定的な展開に至っていた者たちもいた。マリーア・ディークホフは熱が出て何日も伏せっていた。薬をはじめ何もかもが不足していた厄介な衛生状況の中で、彼女は、体の一部だけが「花梨のように黄色」くなった。彼女は黄疸が出ていた。話の中では日にちは特定されていないものの、――グスタフ＝アドルフ・スキッベが与える撤退についての情報と付き合わせると、それは四月二九日であるという仮説が成り立つが――マリーア・ディークホフは、デミーンからの慌ただしい出発について非常に生き生きと記している。大きなリュックサックに急いで荷物を詰めているときに、彼女の母親が突然部屋に入ってきて、身支度するよう求めたのである。

早くしなさい。着替えるのよ。オーバーも靴も。とにかく出発するの。今玄関の前に軍のトラックが来ているのよ。この最後の車列を逃したら、ロシア軍が来てしまう。兵隊たちも、発つべきだと言っているわ。大変なことになっているのよ。(39)

もう出ようというときに、彼女の叔母のミンニは、町を離れようとする人々で既に一杯のトラックに乗ることを拒絶している。彼女は、「移動中に死んでしまう」くらいなら、デミーンに残ったほうが良いというのだ。(40)

マリー・ディークホフと母親はそのことを知らなかったが、彼女たちは四月二九日の朝、デミーンを離れる最後の軍の隊列の中にあった。出発に際して、二台のトラックのうちの一台の前の方に陣取った二人は兵士や将校たちの中で身動きできなかった。もう一台のトラックは、地元の警察署長をはじめとした警察隊をまるごと運んでいる。マリー・ダプスは、どんな犠牲を払おうとも子供たちと共に自宅に留まるつもりでおり、この警察署長に守ってもらう約束を果たしてくれるよう彼を探しに出かけている。しかし、目にしたのは、まさにトラックに乗ろうとしている警察署長だった。回想録の中で、彼女はその場面を記している。

トラックの中に座っていたのは、みんな私たちの町の警察官だった。トラックの脇では警察署長が乗り込もうとしているところだった。彼は私に声をかけた。「あなたも乗りたいなら、さあ、乗ってください。」私は自分の目が信じられず、唖然とした。(41)

ひとたびペーネ川を越えると、これらのトラックはデミーンの西へ二〇〇キロのトラーヴェミュンデの方角を目指していく。マリーア・ディークホフにとって、これはロシア人から逃れて、アメリカ軍の前衛部隊の懐の中に飛び込むチャンスだった。アメリカ軍が急速に前進しているらしいという噂が広まっていた。この情報は誤っていた。というのもドイツ北西部は実際にはイギリス軍に攻囲されていたからである。マリー・ダプスについては、彼女は警察署長の申し出を拒絶している。子供たちを家に残して自分だけ町を離れることは考えられなかったからである。彼女は完全に打ちひしがれていた。警察署長や彼の部下一同が逃げるのを目にして、さらに彼らが地元の住民を捨てて住民の保護も投げ出すのを目の当たりにして。まさに名状し難い裏切りであった。彼女はなおも、これらの治安責任者たちから、ロシア軍にはオーデル川を渡らせないと空威張りの言葉を豪語するのを耳にしていた。彼女は、前の週までは抵抗や最終勝利への希望しか口にしていなかった連中には裏切られたと心底感じていた。彼らが職務や地元住民保護を放棄するのを目にしたことで、デミーンの住民は大きなショックを受けた。(42)留まった者たちは、薬剤師のクールマンの妻のように、地下室に貴重品を隠すことに取り掛かっていた。

遠くからソ連軍の大砲の音が聞こえていた。ソ連軍が町に到着間近というところで、町は世界から切り離され、包囲される要塞へと変容しつつあった。町にはもはや南東方面からしか入れなくなっていた。イレーネ・ブレーカーは、回想録の中に冷静に記している。「四月末、私たちはデミーンで足止めされてしまった。(43)」

実際、親衛隊は二つの橋を封鎖して、出口を塞いでいる。住民や避難民を捕えた罠は閉じかけていた。[44]そのとき、デミーンは、新たなコルベルク、新たなポーゼンになろうとしていた。[45]マリーア・ディークホフは、町の緊張感は甚だしかったと記している。一方、ヘレーネ・ザックは逃げ場を失ったことをよく理解していた。

私たちはもう出て行くことはできない。敵は両側から私たちを包囲している。日を追うごとに私たちの運命は狭まっている。[46]

四月二九日から三〇日にかけての夜、グスタフ＝アドルフ・スキッペと彼の大隊の兵士たちは、河港の近くに位置し、南西からの出口となっている跳ね橋[47](Hafenbrücke)から、デミーンを最終的に離れている。目的地は、西に三〇キロメートル足らずのところにある町、グノイエンだった。国防軍はデミーンの住民たちを敵の手に委ね、橋を全て爆破してしまった。グスタフ＝アドルフ・スキッペが日記に記しているように、「誰もデミーンから出てはならない。いかなる車両も入ってはならない。[48]」激しい爆音が何度か町中に、防空壕の中にまで聞こえたと、ウルズラ・シュトローシャインの証言は示している。[49]W・ダマンは、回想録のなかで、爆発が起きたのは朝六時頃だったとみている。彼が、アウグスタ通り四番地の自宅で聞いたのは、町の南に位置し、フォアヴェルクの方角でトレンゼ川に架かっていた、もっとも近い鉄道橋（トレンゼ橋）の爆破であった。南からは、数時間後にソ連軍が町の中に入ることになるだろう。少し北西では、カールデン橋[50]は爆薬では完全には破壊されていなかった。しかしながら、それでも激しく損傷して使用は今や不可能であった。橋の鋼鉄の稼働桟はペーネ川の中で潰れており、船の航行は幅五メートル足らずの隙間にまで制限されてしまっていた。同様に、親衛隊の隊員たちは、北のマイエンクレープス橋を爆破させてから、数キロメートルの間隔に位置するヴォテニクとノッセンドルフに撤退している。大管区指導者がいなくなったために、親衛隊隊員たちは、一九四五年三月一九日の悪名高いネロ指令を適用するしかなかった。この政令はヒトラーが署名し、ドイツを焦土にするという原則に由来した。実際、軍需大臣のアルベルト・シュペーアの反対を押し切って、ヒトラーは大管区指導者たちに「全ての軍事産業施設、全ての連絡手段、通信、補給センター、ドイツ帝国領内の全ての動産及び不動産[51]」の破壊を命じていた。ヒトラーは、完全勝利には手が届かないと感じ取っていたために、敗北は全面的とならねばならず、ドイツは「中世の只中[52]」に戻るべきだと宣言したのである。これらの破壊は一九四四年九月七日の『フェルキッシャー・ベオーバハター』の論説にも反映された。「奴（敵）の前では全ての橋は破壊され、全ての通りは遮断されるべし。奴の前には死と滅亡と憎悪しかない[53]。」しかし三月一九日を過ぎてからも、この「ネロ指令」の執行と範囲に関して矛盾する命令が出されたことで、全体としては、領内での破壊は限定的なものに留まった。ただし、デミーンは別だった。

ペーネ川に架かるもう一つの鉄道橋も爆破された。これに伴い飲料水供給施設が著しく損傷してしまい、町への水の供給がままならなくなった。このように付随して発生した被害は、部分的ではあったものの、事態に少なからぬ影響を与えた。とりわけ五月一日に広がり始めた火災に際してはその影響は著しかった。さらにこの後、町のガスや電気も止まった。

グスタフ＝アドルフ・スキッベは仲間と共に退却を続け、五月二日にシュヴェリーンの北のグレーヴェスミューレンに達した。彼の最後の記述は赤字で書かれていた。「ここに一五時に英国兵《トミー》が到着した。私にとっての戦争は終わった。[54]」

　デミーンは今や外界と隔絶されたある種の城塞であり、なすすべもなくソ連軍の到着を待っていた。多くの避難民にとって通過するだけだったはずの町は、一九四五年四月三〇日からは、袋小路つまり出口のない町になってしまった。住民たちは今や、あらゆる形態の政治的、行政的あるいは軍事的権威によって窮地に追い込まれ、見捨てられ、秩序ある空間は恣意的暴力がいつでも起こりうる空間へと成り果ててしまった。

（1）U. Strohschein, « Rote Armee in Demmin », *art. cit.*

（2）DTA 131, *So war's! Lebenserinnerungen 1922-1997*, *op. cit.*, p. 66.

（3）*Ibid.*

（4）H.Sack, *Warten auf Bruno*, *op. cit.*,p.86.

（5）« Erinnerungen von Maria Buske », *cit in* N. Buske, *Das Kriegsende in Demmin*, *op. cit.*, p. 50.

（6）*Ibid.*

（7）DTA 131, *So war's! Lebenserinnerungen 1922-1997*, *op. cit.*, p. 67.

（8）Georges Gurvitch, *La multiplicité des temps sociaux*, cours ronéotypé de la Sorbonne, Centre de documentation universitaire, 1958. 改稿して以下に所収。*La vocation actuelle de la sociologie*, Paris, PUF, vol. 2, 1963, p. 341-342.［『ジョルジュ・ギュルヴィッチにおける社会学思想（II）』仲康訳、慶応通信、一九九四年、七二頁］.

（9）H.-G. Quadt, « Erinnerungen », *op. cit.*

（10）Marie Dabs, *Lebenserinnerungen*, Lübeck, 1984, p. 77.

（11）非同時代性に関する問題については、以下の考察を参照されたい。Ernst Bloch, *Héritage de ce temps*, traduit de l'allemand par Jean Lacoste, Paris, Payot, 1978（1935）, p. 95 et suivantes［『この時代の遺産』池田浩士訳、水声社、二〇〇八年、一二〇頁以降］.

(12) DTA 3801, 3, *op. cit.*, p. 62.

(13) « Erinnerungen von Maria Buske », *cit in* N. Buske, *Das Kriegsende in Demmin, op. cit.*, p. 50.

(14) U. Strohschein, « Rote Armee in Demmin », *art. cit.*

(15) *Ibid.*

(16) DTA 3801,3, *op. cit.*, p. 67-68.

(17) H. Sack, *Warten auf Bruno, op. cit.*, p. 88.

(18) Brief von Frau Else R., *cit in* N. Buske, *Das Kriegsende in Demmin, op. cit.*, p. 31.

(19) « Erinnerungen von Maria Buske », *cit in* N. Buske, *Das Kriegsende in Demmin, op. cit.*, p. 49.

(20) Brief von Frau Else R., *cit in* N. Buske, *Das Kriegsende in Demmin, op. cit.*, p.31.

(21) 薬物学の観点から、モルヒネの過剰投与は、不耐性患者の場合には少量投与でも、即座に呼吸器障害、さらには心臓停止を引き起こす可能性がある。

(22) DTA 3801, 3, *op. cit.*, p. 63.

(23) H. Boberach（éd.）, *Meldungen aus dem Reich, op. cit.*, p. 6737.

(24) Theodor Schieder（éd.）, *Die Vertreibung der Deutschen Bevölkerung aus den Gebieten östlich der Oder-Neiße*, Bundesministerium für Vertriebene, Bonn, 1953.

(25) Ch. Goeschel, *Selbstmord im Dritten Reich, op. cit.*, p. 230.

(26) 番犬たち（Kettenhunde）という語は、より文字通りには、鎖に繋がれた犬（chiens enchaînés）という表現にも訳される。

(27) DTA 131, *So war's! Lebenserinnerungen 1922-1997, op. cit.*, p. 67.

(28) *Ibid.*

(29) I. Kershaw, *La fin, op. cit.*, p.496.［『ナチ・ドイツの終焉 1944-45』宮下嶺夫訳、白水社、二〇二一年、五一四頁］

(30) DTA 131, *So war's! Lebenserinnerungen 1922-1997, op. cit.*

(31) U. Strohschein, « Rote Armee in Demmin », *art. cit.*

(32) DTA 1344, *Kriegstagebücher von Gustav Adolf Skibbe, op. cit.*

(33) *Ibid.*

(34) W・ダマンの回想録からは、一九三三年に無理矢理解雇されたことで心臓発作を起こし、自宅待機を余儀なくされたことがわかる。彼は一九四六年には町の博物館長によって図書館長として雇用され、一九六〇年の定年まで勤め上げた。

（35）« Erinnerungen von Dr. Wilhelm Dammann », 13.12.1955, *cit in* N. Buske, *Das Kriegsende in Demmin, op. cit.*, p. 36.
（36）*Ibid.*
（37）*Ibid.*
（38）« Erinnerungen von Maria Buske », *cit in* N. Buske, *Das Kriegsende in Demmin, op. cit.*, p. 49.
（39）DTA 3801, 3, *Lebenserinnerungen von Maria Dieckhoff, op. cit.*, p. 63.
（40）*Ibid.*
（41）M. Dabs, *Lebenserinnerungen, op. cit.*, p. 79.
（42）Brief von Frau Else R., *cit in* N. *Buske, Das Kriegsende in Demmin, op. cit.*, p. 31.
（43）DTA 131, *So war's! Lebenserinnerungen 1922-1997, op. cit.*, p. 68.
（44）当時ヴァルテラント帝国大管区の管区都だったポーゼンは、一九四五年一月から二月にかけて、ソ連軍に包囲されていた。
（45）DTA 3801, 3, *Lebenserinnerungen von Maria Dieckhoff, op. cit.*, p. 62.
（46）H. Sack, *Warten auf Bruno, op. cit.*, p.88.
（47）グスタフ＝アドルフ・スキッベはメモに「港湾橋 Hafensbrücke」と記しているが、実際には、川港近くのこの橋はカールデン橋と呼ばれている。
（48）DTA 1344, *Kriegstagebücher von Gustav Adolf Skibbe, op. cit.*
（49）U. Strohschein, *« Rote Armee in Demmin », art. cit.*
（50）跳ね橋は、一九五〇年に再建されている。
（51）*Cit in* Martin Moll (dir.), *« Führer-Erlasse » 1939-1945*, Stuttgart, Steiner, 1997, p. 486.
（52）Albert Speer, *Erinnerungen*, Frakfurt / M-Berlin-Wien, Ullstein, 1976, p. 448〔『ナチス軍需相の証言（下）』品田豊治訳、二〇〇一年、三一八頁〕.
（53）*Ibid.*, p. 412〔前掲邦訳書、二五一頁〕.
（54）DTA 1344, *Kriegstagebücher von Gustav Adolf Skibbe, op. cit.*

第五章　制御不能に陥り荒れ狂う暴力

一九四五年四月末になると、ドイツ北東部へのソ連軍の侵入はもはや如何ともし難いものであった。大体においてこのことは、ドイツの民間人に対する戦時下特有の暴力に結び付けられ、一般的に復讐法が適用されたとして片付けてしまう。しかしながら、この動機づけについての理論は、こうした民間人への暴力を説明するにはあまりに一面的で単純である。暴力は数ある選択肢にあったにすぎず、決して必然的だったわけではない。さまざまな町についての比較は、全ては現場の状況によって左右されたことを示している。四月三〇日に赤軍がグライフスヴァルトを包囲した際には、暴力を振るわなかった。この町は、戦闘が行われることなく明け渡されたからだ。四月二九日のフリートラントやノイブランデンブルク、あるいは四月三〇日のアルト・シュトレーリッツやメルヒンのように、国防軍や親衛隊の部隊が自暴自棄になって抵抗した場合は、赤軍は、時として征服した町の中心街を丸ごと、又はその一部を焼き払った。ノイシュトレーリッツで戦争による破壊が主に市内の城と劇場に限定されていたのは、二〇〇人の女性たちが団結して行動し、町の降伏を迫った結果であった。こうした暴力行為の有無は、新たな力関係を作り上げる意思、つまり占領者と被占領者との間で将来の共存という新しい関係を築こうという意思に左右されていた。

一般的に暴力は、兵士たちが限界を越えることと、他者の肉体に対して怒りをぶちまけることを「許す」状況の中に置かれたときに、他の選択肢の代わりに使われた。暴力は、道具である以前にまず表現であるということを忘れるべきではない。暴力は、復讐するというような予め定められた目的に還元することはできない。赤軍の兵士には、確かに、ドイツの市民に対して悪意を持って振る舞う十分な理由も、さらに願望すらあったが、それが行動に移されるかどうかは、個々の状況に特有の有り様との関係で厳密に考えられなければならない。さらに忘れてはならないのは、デミーンの場合、ソ連軍は政治的秩序を失った町を包囲したことである。つまり相互関係は一見したところ完全に非対称であり、あらゆる規範の枠組みの外にあったのだ。いかなる軍事的、政治的権威を代表する者も不在という状況においては、住民の身体が赤軍兵士たちの意のままに従わされることが現実になりそうであった。赤軍兵士たちは、集団的かつ無制限に、暴力でもって、この全能という意識を用い、濫用することができる状況に置かれていた(1)。現に、デミーンの住民たちは自らを守る術はなく、いかなる戦時法からも外れた純然たる暴力が即座に爆発するには、火花が一つ弾けるだけで十分であった(2)。

赤軍に包囲され、外界から孤立した町

第2白ロシア正面軍第65軍はシュテティーンを征服したところで、西側から進んできていた連合国との境界線に接するベルリン北方の領域を占領しようとしていた。対抗するドイツ軍を構成していたのは、もはや第32軍団、武装親衛隊フランダーン部隊、そして国民突撃隊の残余勢力だけだった。数においても質においても劣勢ではあったが、これらの最後のドイツ軍部隊は、赤軍側に深刻な損害を与えること

ができていた。ポンメルンの村を通過していたソ連軍の戦車や歩兵は、擲弾や迫撃砲で攻撃を受けていた。第65軍で最も前進していた小隊は、シュテルンフェルトで夜を過ごした後、四月三〇日の朝、次にロストックに向けた道を切り開く更なる足掛かりとして、その日のうちにデミーンの町に到達するよう命令を受け取っていた。(3)

同じ頃、デミーンから南に二〇〇キロのベルリンでは、第1白ロシア正面軍の兵士たちが帝国議会を奪取し、省庁や総統府がある地区を完全に占拠しようとしていた。五月一日《メーデー》に大規模な軍事パレードを挙行するために四月三〇日にはベルリンの戦闘を終結させる、というスターリンの思惑通りにはいかなかった。総統府ではヒトラーが最後の忠臣たちに囲まれて自殺を準備していた一方で、デミーンの住民たちは、南と東から町に接近する第30戦車旅団がやってくるのを悶々としながら待っていた。爆撃や住居の破壊を恐れて、多くの住民たちは、身の回りの物を持って自宅の地下室に避難していた。ソ連軍が町を包囲する前に自ら死を選んだ者たちもいた。現に早くも一九四五年四月三〇日に、市の死亡記録簿には、主として首吊りによる二〇数人の自殺者が書き入れられている。最初の自殺者たちは、出発できなかった、あるいは望まなかったのか、体制側の代表者たちであった。具体的には警官、役人あるいは帝国勤労奉仕団（RAD）の幹部のような専従職員の家族たちである。RADは、一八歳から二五歳のドイツ人を六ヶ月間の強制労働奉仕に極めて軍隊式に組織する機構である。死者の中には、自分の子供の首を絞めてから鉄線で首を吊った、国防軍少尉の妻の自殺も見出される。これらの自殺者たちは、体制の差し迫った消滅後を生き延びてはならない、釈明しなくてはならなくなることは避けるという大方針に従った結果なのかもしれない。あるいは、ただただ絶望の形を表現したかっただけなのか。

証言者たちの自伝的語りは、唸るエンジン、通りのアスファルトを踏みつけるキャタピラーといった遠くでしている戦車の音、爆弾の爆発そして砲撃音を描写している。イレーネ・ブレーカーは、回想録の中で、赤軍の到着を、最後には敗れる追い抜きレースの結果のように描いている。「爆音がした後で撃ち合う音が聞こえた時には、赤軍に追いつかれてしまったのだと、皆はっきりとわかった。」(4)

昼頃には第65軍の工兵部隊がトレンゼ川に仮設橋を架けることに成功し(5)、歩兵部隊の兵士たちの第一陣が、ライヒ通り次いでトレプトウ通りを通って、ほとんど無人の中心街に向けて南から町に進入できるようになった。この間、デミーンの住民たち、避難民たちそしてロシア人やポーランド人の強制労働従事者たちまでも、地下室や防空壕の中で怯えて隠れていた。中には、薬剤師のクールマンのように、すでに自宅の窓に白旗を掲げている者もいた(6)。牧師のブスケの妻は、聖バルトロマイ教会の鐘楼の上に白旗を一本、もう一本を自宅の窓の切り妻に設置した。証言の冒頭からこの悲劇と大惨事への思いが溢れているウルズラ・シュトローシャインであったが、当時を振り返って、ソ連軍の到着を簡潔に再現している。「私たちはみんなで、自分たちの破滅を待ち構えていました(7)。」このような諦観した姿勢は、薬剤師クールマンの使用人の、より偏りのない、要するに、より不安に満ちて率直な語りとは、対照的である。

それで私たちは皆、ロシア軍がデミーンに入ってきた一九四五年四月三〇日の一三時頃には自宅にいました(8)。お父様は、狭い道から最初のロシア兵が向かってくるのを見て、すぐに白旗を掲げました。侵入は、大した抵抗にも遭わず、平穏な雰囲気で行われました。一時間後には最初のロシア兵が、腕時計やシュナップスを探しに、家にやってきました。それから別のロシア兵たちがやって来て、医者を求めたので、お父様が彼らの手当をしました。夜にはお父様がガレージから車を出して、ロシア兵数人を連れ出しました。

しかし彼はじきに車なしで戻って来ました。……食事の後、はじめはとにかく平穏でしたので、私たちは二階に上がって、イェシュケ夫人の部屋から表で起こっていることを覗いてみるなんてことまでしてみました。(9)

他の多くの証言者たちの場合と同様に、クールマン一家ほどの規模（夫婦と娘のイルゼ）においては、ソ連兵たちとの最初の接触は非暴力的で、全体として平穏であった。確かにデミーンの住民たちには、「ウーリ、ウーリ」(10)と怒鳴られて腕時計を奪われる事態が頻発していたが、いかなる物質的な破壊も、身体的暴力も、使用人のエルゼ・RやE・ツァイツによって言及されていない。(11)その上、この手紙の文面を覆っているのは「平穏な」という形容詞である。家の階段でソ連兵の軍靴の微かな足音がしただけでも、苦悩と緊張の源になったことからして、どちらかといえば平穏というだけのことだった。「二階に平穏さが戻るまで、しばらくの間ずっと怯えてました。(12)」その上、非暴力的だった最初のやりとりとは無関係に、終始クールマン一家には自殺する意思があることが明らかだった。このことは使用人には理解ができなかった。

お父様とお母様は、ご自分のベッドを二階に戻して、そこで寝ることを決められました。イルゼと私は、しっかりと隠れられる様な場所を上で探しましたが、ちょうどいい所はありませんでした。イルゼはその時にはすっかり絶望していて私に打ち明けました。「もしパパが上で私たちを撃ったら、かくれんぼをしたところで何にもならないじゃない。」お母様も私に言いにこられました。「エルゼ、準備しておくのよ。みんなで死ぬのですから。」でも私はお母様の言葉を真に受けず、馬鹿正直に答えました。「そんなことできるはずありません。あり得ません。」それから私はお母様に就寝の挨拶を告げ、地下室に戻って、ミヒェル夫人、ローレンツ夫人、ペルル夫人、それに私の現在の夫となる人のそばで眠りました。(13)

おおむね、暴力行為に最初に及んだのはソ連兵たちではなかった。彼らは、市民にとっての最後となろう戦闘、犠牲的で虚しい戦闘にいつでも加わる心算の市民たちからの捨て鉢の攻撃に対して、まずは応戦したのであった。ここで気づくのは、両者いずれも暴力を振りかざして脅しにかかってはいなかったことであり、当初の状況はつまりほぼ非暴力的だったと言うことができる。トレンゼ川を越えた後で、ソ連の戦車と歩兵は、トレプトウ通りで散発的な銃撃を受けている。銃弾はその通りの六番地の住宅から飛んできた。引き金を引いたのは、ゲルハルト・モルデンハウアーという名の教員だった。このエピソードを私たちに伝えるのは、高校での元同僚ヴィルヘルム・ダマンである。二人は一九二三年から一九三三年まで同じアパートに住んでいた。ダマンは現場の目撃証人ではないが、一九五五年の自身の回想録でこのことに言及している。この話は、G・モルデンハウアーと同じ階に住んでいた老婦人レンター夫人の証言に基づいていた。(14) ソ連兵が到着した際に、モルデンハウアーは銃を携え、妻と三人の子供とアパートの地下室に隠れていた。彼はそこで家族を全員殺めた後で、上階の自宅に戻った。ついで彼は装甲車の車列の前衛車両に向かって何発か発砲した。兵士たちに建物を包囲され制圧されてしまう前に、G・モルデンハウアーは銃を今度は自分に向け、頭に弾を打ち込んだ。(15) この教員のケースは検証してみると興味深い。彼の行動は、最後の数週間で体制が求めた自己犠牲の方針に従ったものと思われるからである。いずれにしても個人の暴走だったという説明では物足りない。ダマンの証言によれば、G・モルデンハウアーは一九三三年までは社会民主党の活動家《ミリタン》であり、その年の夏まではナチ党の公然たる政治的敵対者であった。彼は思想的に転向したのではない。そうではなく、処世的な知恵と職業的な野心から、新体制と妥協することが彼個人にとって得になると判断したのだ。それで彼はナチ党に入党し、昇進を重ねて、デミーン北方のフランツブルクの学校で校長にまでなったのである。ダンマンによれば、彼の妻も娘たちもヒトラーに熱狂していた。それだけに、彼は確信的ナチ党員に思われていた。彼の同僚は、一〇年の時を隔てて回想録の中で、次のようにモルデンハウアーの行動を説明しようとしている。

私は彼の行動を、賭け事で、一枚のカードに全てを賭けてしまったものの、結局勝てないことがかわってしまった人物のそれであると理解している。(16)

ダマンによって狂信的と判断されたこの行動は、おそらく絶望以上のものからきている。この教員は、個人的打算によって自らの政治的信念に背を向け、結局最後に、この彼の個人的利益によって導かれた選択が誤っていたことを悟ったのである。家族全員を道連れに自殺するということは、この高校教員をとらえたに違いない絶望感が非常に高いレベルにあったことを示している。その後すぐ、ダマンが「真性のファシスト」と紹介する薬屋のエスターリンもまた、ルイーゼン通りから数発の銃弾を発砲した後に撃ち殺されている。挙げ句の果てに、一握りのヒトラーユーゲントの若いメンバーたちまでもが、ルイーゼン門に近接するユースホステルから、ソ連兵を銃で狙っている。ウルズラ・シュトローシャインが地下室から聞いた撃ち合いは長くは続かず、少年兵たちが擲弾で倒れて終わった。彼らは、三つの対空砲で町を守ろうと率先して動いたものの、それらを動かす間がなかった。無謀な行為で命が犠牲となってしまった。しかしこれらの最初の小競り合いが過ぎると、町は平穏になり、暴力行為は一つも証言の中では指摘されていない。これは、ロシアの歴史家エルケ・シェルスチャノイによる第65軍の第30、第38戦車旅団の戦闘日誌の分析によって確認されている。報告されている戦死者はゼロで、負傷兵一人だけあった[17]。

ウルズラ・シュトローシャインが隠れ場所を後にし、通りに出たところで、褐色の制服を着た若い将校に出くわした。彼はウルズラに駆け寄ってきて、肩をポンと叩き、片言のドイツ語で「同志ルスコフ、友人だ。意地悪しない。同志ルスコフ、友人だ[18]」と言って、走り去った。将校は、その様子からして、流れ弾に当たらないように、ウルズラ・シュトローシャインに家に留まり、表をうろつかないよう忠告しようとしていたに違いない。彼女の母親はアパートに戻ると、窓が少し損傷していたものの概ね無傷だったことで、神様に感謝し、片付けを始めた。きっと最悪の時は過ぎ去ったと思ったのであろう。同じ頃、数メートル先のバウ通り三六番地の牧師ブスケの家は、通りで唯一占拠されたままであった。その一階は上級将校たちが占有し、二階は二〇人の部隊兵士が居座っていた。実は、ソ連軍は、ペーネ川の渡河が可能になるのを待つ間、将校や兵士たちを収容する目的で住宅を一定数接収することを午後の早い時間に決定していた。家の前には、いかなる略奪をも未然に防ぐために一人の兵士が配置されていた。将校たちは五月二日まで滞在したが、ノルベルト・ブスケの記憶の中では、女性に対しても彼らはきちんとした態度で振る舞っていた。実際、この家では婦女暴行は一切起きなかったが、それでもマリーア・ブスケは、結婚指輪と腕時計を盗まれている。

町の反対側では、イレーネ・ブレーカーが、数人は十分入れる深さの地下シェルターに潜むことを選択していた。そのシェルターは堆肥貯蔵庫として使われていたものだった。彼女は、P医師、その妻、幼い男の子と共に、その隠れ家に潜み、木苺の枝で覆っている。彼女は隣の庭からソ連兵の軍靴の足音を聞いて、そちらを見た。彼らにとって不運なことに、幼いホルガーが物音をたててしまい、気づいた兵士が即座に堆肥貯蔵庫に発砲した。銃弾はイレーネ・ブレーカーをかすめた。兵士は多量の枝を退かせて、彼らを隠れ家から出させている。

そのロシア兵はひどく興奮していて、常に腹を突き出していた。年配の男で白髪まじりの髪を短く刈りこんでいた。彼はいくつかのドイツ語の単語を知っており、パルチザンが兵士を撃つということを聞かされていて、私たちがその一味でないかと思ったという。彼は腹を撃たれたくなかった。(19)

実はこの兵士は、第一次世界大戦にも参戦していて、捕虜としてドイツの収容所に収容されていた。ここで見られる交流は、野蛮で復讐に飢えたソ連兵というステレオタイプからは、明らかにかけ離れている。その代わり、ソ連兵が皆、当初、主に感じていたのは恐怖という感情であったことが見出される。ソ連兵がイレーネ・ブレーカーに自分の腹を指し示したのは、空腹だと言うためではなく、流れ弾に当たり、自棄っぱちになった抵抗行為の犠牲になることを恐れていたためであった。したがって、この屋敷の庭での場面は、当然のことながら極度の緊張を帯びていた。老兵もイレーネ・ブレーカーも、そしてその場にたまたま居合わせた者たちも皆縮み上がっていた。兵士たちの側では、兵士たちを最大限のストレス状況に確かに置く二重の恐怖を確認することができる。すなはち負傷させられる恐怖——そこから腹に手を置く動作につながる——そして人を殺害するという恐怖である。

第二次世界大戦でのアメリカ兵を対象にサミュエル・マーシャルが調査したデータ(20)から、アメリカの心理学者デーヴ・グロスマンは、殺害行為の心理的負荷を測定しようとした。彼によれば、殺害する恐怖は、自身が殺害される恐怖よりも強い。というのも人間には他者を傷つけるという考えに対する根本的な嫌悪があるからであり、その上罪悪感が存在しているためでもある。(21) このような緊張感は確かに身体中を縛るが、非常に激しく対立している力の間の相互作用は、結局、ランドル・コリンズが「袋小路」(22)と呼ぶものに行きつく。両者は、争ったり逃亡したりする代わりに、おそらく恐怖によって身動きできなくなり、ついで安心したことで、暴力に訴えなかった。老兵は暴力行為に及ぼうとはしなかった。むしろ、それを避けようとしていた。かなりの年月が経ってからの回想の中で、イレーネ・ブレーカーは、ロシア兵との出会いと彼らの表象の間の落差に相変わらず驚いている。「なぜ兵士がかくも感じがよかったのか合点がいかなかった。(23)」

このように彼らが外で向かい合っている間、他の兵士たちが屋敷に入り込んで値打ちのある品物を盗もうとしていた。特に持っていかれたのは腕時計だった。それがどのタイミングだったかは正確にはわからないが、ロシア兵はイレーネ・ブレーカーのところに戻ってきた。

> 彼はパン切れを手にしていた。蜂蜜が塗りたくられていて、蜜がべたべたと指に滴っていた。彼はそれをホルガーに与えて、自分のバックから赤い前掛けを出して私の息子につけてくれた。それから彼は、「今日は僕の誕生日なんだ。ヒトラーは駄目。戦争は終わったよ」と言った。(24)

立ち去る前に、彼はイレーネ・ブレーカーに隠れていることを勧めた。(25) というのは「兵士たちが皆親切なわけではないし、これからもっと他の奴らもやってくるだろうから。」かなり特異とはいえ、この場面は、暴力をもっともミクロ史的に、そしてもっとも相互作用的に考える必要性を示している。というのも、暴力というのは、思想的、軍事的状況が想定させるほどには、容易く起こり、全体に広がるわけではないからである。凶暴になるためには、まず第一に、一種の壁、すなわち感情的緊張と恐怖という障害を打ち破らなければならない。それを老ロシア兵はしなかった。言い方を変えれば、この暴力を行使する状況が必要なのである。イレーネ・ブレーカーの証言がそれをよく示している。兵士たちの中には、他の兵士より凶暴で、経験も豊富で、あらゆる形態の身体的暴力を抑えられない者たちだっていたのだから。

このように一九四五年四月三〇日の午後の早い時刻からその晩までかかって、ソ連軍がデミーンを包囲した際、大した抵抗にも遭わず、そして乱暴もはたらかなかった。つまり当初の状況は暴力的ではなかった。しかし、第38戦車旅団の司令官、コノヴァノフは、撤退するドイツ軍部隊の追跡を即座に開始することはせずに、部隊をデミーンの中に駐屯させることを選んだ。ペーネ川を渡れるようにする仮設橋の建設が優先されたのである。世界から切り離された町は、抵抗の意志を実際に全く見せることなく、征服されるがままになった。しかし、その出口がないという空間的形状によって、ソ連軍部隊はすぐに撤退することもできなかった。橋が損傷したり破壊されたりしていたために、町中を進んでいた戦車旅団は動けなくなり、ひどい渋滞を引き起こしてしまった。地下室にいまだ潜んでいた住民たちは、道ゆく戦車のキャタピラーの絶え間ない騒音を耳にしていたが、概ね、四月三〇日の晩を支配していたのは平穏であった。

純然たる暴力に傾く決定的瞬間

暴力の力学を詳細に検討する際には、ハンナ・アーレントが、「権力が失われたところで始まる」、「純然たる暴力支配」[26]と呼ぶものへと傾く決定的瞬間はいつだったのかを特定できなければならない。一九四五年四月三〇日から五月一日にかけての夜中に、デミーンは突如、状態を変えた。つまり民間住民とソ連占領軍の間の関係性の布置が変化したのである。実際、状態の変化という用語を物理的な意味において捉える必要がある。固体の状態では、原子は、その位置を決定する化学的関係性によって結びついているが、液体の状態では、それらの互いの結びつきはより緩やかである。当初民間住民と兵士たちの間の相互作用の基盤となっていた案配は、次第に崩れていき、日暮れの頃には、完全に無効になってしまった。この思わぬ状態の変化は、ソ連兵たちと自殺したドイツ民間人たちを飲み込んでしまうような暴力空間を出現させてしまった。暴力行為の突発のメカニズムについてのこのような細かい分析は、ひとつの中心観念、すなわち平和的空間と暴力的空間の間、日常的なルーティンと例外的状況の間の連続体という中心観念に基づいている。一般化されているような要因（復讐法、ソ連兵の「生来の」粗暴さ）によってこのような粗暴さを機械的に説明するのではなく、常にミクロのレベルで存在する状況から出発し、暴力の直接の起源が何であるのかを追求し、暴力がどのように連鎖反応を起こしてしまったのかを考察しなければならない。そのためには歴史家は、状況の極めて繊細な分析を経て、時間の焦点距離を一層狭め、歴史的因果関係を一時的に解除することまでしなくてはならなくなる[27]。暴力空間は、その固有の時間性に従属している。デミーンの状況が、ソ連軍の攻勢というような時間的濃密さの中にもちろん組み込まれているとはいえ、かくして、均衡が崩れる瞬間が、これまで見てきたように、ソ連兵の「生来の」憎悪にも、ドイツ兵の「狂信的」抵抗あるいは、数日間限定でソ連軍将校が野蛮な兵士たちに与えた恒例の略奪や暴行の権利などに直結していたわけではないのは明らかだ。その上、いかなる公式あるいは非公式の命令も兵士たちには与えられていなかった。たしかに筆者は、町を三日間火の海にして血で染めることを許可したという命令について語る証言者を見いだした。だが、この終戦五〇周年記念の一環で採られたロッテ＝ローレ・マルテンスの証言は、終戦五〇周年記念の際になされたものである。彼女は当時グライフスヴァルト大学の医学生（彼女は戦後のデミーンでもっとも評判のいい小児科医の一人になっていく）であったが、彼女はまさしく事件の当時デミーンにいた。

翌日（一九四五年五月一日）になってようやく私たちは、ひどくやり合った末に町で略奪し、火をつけ強姦するために三日間が与えられていたことを知った。このおぞましい三箇条の論題は、見えるように市庁舎の扉に張り出されていた。(28)

筆者は、ロッテ＝ローレ・マルテンスが主張していることに何ら証拠も見いだせなかったのだが、特に一五一七年一〇月三一日にヴィッテンベルク城教会の扉にルターが掲げた九五箇条の論題を暗に示した部分はどうも作り話のように思えてならない。

それでは、このような状態の変化の発端にはどんな要因があるのだろうか。どんな要素が非暴力的状況から暴力行為へ移行させたのだろうか。五〇周年記念の際の略奪を非難する言説と、当初は腕時計を盗むことしか考えていなかった連中によって意図的に引き起こされた火災との間の矛盾をどう説明するのか。これらの疑問に答えるには、文書を使いながら、正確に何時に、どのように火災が発生したのかを知っておかねばならない。誰が原因なのか。それをどう説明するのか。いくつかの証言は、四月三〇日からすでに町の中心部の複数の家で火事が起きていたことに触れている。デミーンを暴力空間に変貌させるに至った特異な状況を説明するものは、間違いなく、月曜から火曜にかけての夜に行われたほとんど勝利祝賀会となったメーデーの祭典であった。兵士たちが占拠した家や、所有者が放棄した家で集めてきた蒸留酒がふんだんに振る舞われた祝祭的ひと時は、町の状態変化を加速させる作用があった。ソ連兵は、自分達の「行動力（ポーピッツ）」を濫用した。あらゆる形での抵抗や妨害とは関係ないところで、恨みを晴らし、おそらく懲らしめるための力に変えてしまったという意味においてである。これらの兵士たちの一部は、アルコールによって抑圧から解放され、集団による優越感からより攻撃的になって、最も弱い者たち、つまりデミーンの女性たちを襲うという暴力行為に及び始めていた。感情の差し錠が外れてしまったのは、間違いなく酒のせいだった。さらに、かなりの兵士たちが暴力の行使者なり婦女暴行の見物人なりとして、暴力を濫用するに至ったのは、彼らが集団でいたことも影響した。女性たちが何度も暴行されたという事実は、これらの兵士たちが彼女たちの肉体に行使しようとした支配が増大していったことをよく示している。

集められた全ての証言がこれらの強姦について、程度の差はあれ、それと分かるように言及している。クールマン家の使用人の手紙の中には、建物の住民の一人、ローレンツ夫人が[29]、薬剤師の娘の身代わりになり、一九四五年四月三〇日の夜の間に四度も暴行されたことが読み取れる。二人のロシア人将校と一人のポーランド出身兵を含む様々な軍人が、この家に侵入し、ローレンツ夫人とミヒェル夫人を強姦したのは明らかだ。エルゼ・Rは、彼女の手紙の中で「強姦」という言葉を使っていない。まるで、彼女が目撃した暴力を遠回しな表現で和らげたかったかのように。

二人のロシア人将校はお父様と地下室にやってきました。少し言葉を交わしましたが、誰も相手の言葉が理解できませんでした。それから彼らは女の私たちのところにやってきて、ついにミヒェル夫人とローレンツ夫人に「俺たちについて来い」と言いました。彼女たちがさせられたこと、それが何なのか私たちにはわかっていました。(30)

五月一日、イレーネ・ブレーカー自身は夜中の暴力は免れていたものの、朝になり、数人の女性や娘たちが、途方にくれて泣きながら、イレーネが避難していた屋敷におぼつかない足取りでやってくるのを目にしている。

彼女たちは私たちに、西へ逃げる道はもうどれも使えないと語ってくれた。町は至る所で略奪されていた。彼女たちの中には、ロシア兵に捕まった避難民の集団の中にいて塹壕の中で強姦されたと語る者もいた。何人に犯されたのかも思い出せないそうだ。腹部の苦痛のために歩くこともままならない女性もいた。(31)

女性たちは、数で勝り、無防備な肉体に力で圧倒し続ける兵士らのなすがままになった。これらの数多くの強姦は、そういう類いの暴力であった。

同じ頃、イレーネ・ブレーカー、マリーア・ブスケあるいはウルズラ・シュトローシャインが目にして戦慄を覚えたように、町の中心部、より正確には市場や市役所の周辺の住居が炎上し始めていた[32]。出火原因については、現存する歴史史料からは明確には特定できない。ウルズラ・シュトローシャインのものなどいくつかの証言は、赤軍到着前にデミーンを離れていた「ファシスト」が住んでいたと思われる住居をどうも突き止めていたソ連兵による組織的行為だったと訴えている。

先っぽを雑巾でくるんだワイヤーデッキブラシを携えた彼らは、それを巨大なバケツに突っ込んでは、大雑把にペンキを家の壁に塗りたくっていた[33]。

一九九〇年代、ジャーナリストたちは、この証言を根拠に故意だったという見解を匂わせながら、組織的行動だったとした[34]。しかし証言を突き合わせていくと、多くの出火がまず、一定数の住民が自殺する前にとった行動によるものだったと指摘することもできる。エルゼ・Rの手紙で確認できる通り、薬剤師のクールマンは、自殺する前に自宅に火をつけていた。

私は浴室で洗面しようと起き上がりました。浴室に入ろうとした時、突然イェシュケ氏が鞄を携え現れました。彼は階段の方に突進してきて、『クールマン夫妻が自殺した。上階が燃えているぞ』と私に知らせました。私はどうやって力を振り絞ったのかわかりませんが、薬局の中に飛び込むと、何も見えないほどの濃い煙が押し寄せてきました[35]。

エルゼ・Rは幾らかの所持品を持ち出して隣人宅に避難することができた。家屋はというと、屋根裏から地下室まで燃えてしまった。ナチ党の地方幹部は全員銃殺されるだろうという情報を父親が耳にしていた模様で、それが自殺に結びついたのではないか。クールマンの場合については、使用人のエルゼ・Rが、このような考えを述べている。[36] この薬剤師は、一九三三年からローイッツでナチ党の細胞を率いていたが、その後理由ははっきりしないが遠ざけられていた。彼の自殺と自宅への放火はおそらく、自身の処刑、つまり一種の即決裁判を免れたいという意思の表れだろう。

中心街では木組の家が大半を占めていたため、火の手は瞬く間に広まり、家々を飲み込んだ。住民たちは、地下室に持ちこんでいたわずかな身の回りの品だけですぐに家を放棄しなければならなかった。実際、出火がドイツ側によるものにせよソ連側によるものにせよ、火はたちまち制御不能になった可能性が極めて高い。マリーア・ブスケは、五月二日のことを「巨大な火の海」[37]と表していた。ウルズラ・シュトローシャインや彼女の両親のように、多くの人々は、町外れや、町からもっと離れたところに避難していて、歴史的中心部の火災による破壊にはなす術がなかった。

ソ連兵たちは、鎮火しようとも水道が使えなかったために、お手上げとなってしまったようであり、あるいはもうなすがままに放っておくしかなかった。マリーア・ブスケは回想録の中で、ロシア兵が消火活動を厳しく禁止していたとまで語っているが、これについても、情報の質を精査することは不可能である。終戦後に作成された報告書によれば、デミーンの家屋の五〇％近くがこの火災で消失し、その五分の四は歴史的中心部に位置していた。W・ダンマンは回想録の中で、デミーンから五キロメートルに位置しているノッセンドルフやリンデンフェルデの村からも、数キロメートル四方にわたって渦巻く黒煙を見ることができたと伝えている。[38] イルムガルト・フォン・マルトツァーンもまた、「ファンゼロウからでも火が燃え盛るのが、はっきり見えたり、見え隠れしたりで、煙の匂いまで嗅ぐこと」[39]ができた。
さまざまな証言を突き合わせることで、一九四五年五月一日から広まった多様な噂の存在を明るみに出すことができる。イレーネ・ブレーカーの回想録の中の、ロシア人が復讐のために火を放ったという説が根拠としているのは、町の中心部から逃れてきた女性たちの言葉だった。

三〇人から三五人の女性たちが市内から家にやって来た。ヒトラーユーゲントのメンバーの一人だか、あるいは別のドイツ人だかが、地下室の穴からロシア人将校を撃ち殺したらしかった。そのために町は放火された。(40)

五〇年の時を経て、マリーア・ブスケは回想録の中で、ソ連軍の復讐行為は橋の破壊に対してだったと語っている。(41) ハインツ=ゲルハルト・クヴァートが伝えるまた別の噂は、火災とソ連兵のある因果関係を示している。これは、町の薬剤師の一人だったミュラーによるロシア人将校毒殺説である。この薬剤師は赤軍将校たちを、彼らの勝利を祝う宴に招き、赤ワインを振る舞ったという。この招待は、実のところ、死の罠に将校を引き寄せるために薬剤師が仕組んだ策略だったようだ。彼は自害する前に毒をワインに注いだらしい。この噂は、ロッテ=ローレ・マルテンスによっても語られているが、どちらの証言者もこの毒殺に関する確たる証拠は示していない。それに、例えばバトフ将軍の証言のような第65軍の将校たちの証言でも、一つとしてこの毒殺に言及しているものはない。しかし、いずれにせよ、クヴァートもマルテンスも、この噂こそがデミーンに対する暴力の引き金となって、中心部の火災を引き起こしたとしている。このことは、二〇二〇年にジャーナリストのギーゼラ・ツィンマーによってラジオ放送されたルボルタージュの中で歴史的真実の地位にまで昇格させられてしまっている。[42] 筆者は、調査し付き合わせてきたどんな史料の中にも、このような毒殺の存在を示す証拠は一切見出せなかった。

確かなことは、ソ連兵たちによる強姦と火災という戦争暴力が重なり、自殺することでしか、この悪夢のような経験からの出口はないとみた町の多くの住民たちの絶望を引き起こしたということである。多くの者が、身投げしたり、首を吊ったり、頭を撃ち抜いたりして命を絶つ決意をした。彼らは生きている意味はもうないと思ったからだ。他には、薬品を使うという方法もあった。たとえばある母親などは、睡眠薬を多量に子供たちに飲ませてから墓地に寝かせている。この母親は、ソ連兵によって発見され救出された。

多くの自殺は未遂に終わっている。例えば、静脈を切るという試みには、ソ連兵たちが出血を止めるために包帯を巻くなどして動いたからである。この選択をしたファイント一家の場合、母親と長女はやり遂げたが、他の子供たちは失敗した。というのも彼らは血管ではなく腱を切ってしまったからである。[43] マリー・ダプスは、自殺の連鎖が起きた五月一日という一日について、前夜の数々の強姦に関連づけて述べている。

遠くから、一人の女性が家屋の外で庭いじりをしているのが見えたような気がした。私たちは、庭に入った時、彼女は避難民なのだと気づいた。こんなに朝早くここで何をしているのかと尋ねた。忘れもしない恐ろしい答えが返ってきた。「これは私の子供たちのお墓で、三つあるうちの、この最後のを埋め終わったら発つんです。恐ろしい夜を過ごしたのです。」家の中には、女性たちや子供たちがなお血まみれで横たわっていた。奥に行くと、出かけるところのメルツァーたちに出くわした。半ば狂ったように、彼らは箱を私たちに見せた。「これは私たちの分よ。」その中には毒薬が入っていた。私は彼らに、私たちにも少し残しておいてと頼んだけれども、彼ら用の二粒しか残っていなかった。彼らは森の外れで自殺するために家を出ていった。(44)

やがてマリー・ダプスは、デミーンの外れの丸太小屋で父親と再会することができた。二人は、ロシア軍の攻撃があった場合は、そこで落ち合う約束をしていたのである。父親はそこにヴェッフェジン夫妻と彼らの一二歳の息子も連れてきていた。朝早く、この家族は、物音を立てずに小屋を去っている。荷物をいっぱいに詰め込んだリュックサックを背負い、彼らはトレーベル川に行って身投げしている。

イレーネ・ブレーカーの方は、夜通し息子とトイレの中に潜んでいて、家の中で起きた強姦からは逃れられていた。彼女は精神的に落ち込み、暴行されている女性たちの絶え間ない絶望的な叫びの恐怖の夜がまだ頭から離れずにいたが、庭の柵の近くで一人の女性とその二人の子供たちが自殺しているのを発見した。このように聴覚と視覚で二重の衝撃を受けた彼女は、とっさに自分の命を絶とうとした。ゴルコウを発った時から彼女は常に錠剤を持ち歩いており、自分と息子のために使用するつもりだった。

私は台所に行って錠剤を水に溶かした。最初の小さじ一杯を息子の口に持っていった。彼は顔をしかめたが朝食の時間だったため、けなげにそのまま飲んでくれた。その家にいた女たちの一人が台所に入ってきた。彼女は満杯のコップを二つとも取り上げ、流しに捨てて言った。「なんてことをしているの。」女が出ていくと私は首を吊ろうと心に決めた。ただ、首を吊った自分を息子が見てしまうことを考えて思いとどまった。こんな話は全てがありえないように思えるかもしれない。でもあの時をデミーンで過ごした人

なら、きっと分かってくれるだろう。(45)

イレーネ・ブレーカーの場合、自殺するという意思はあったものの、行動を起こすには至らなかった。フロイトの分析枠組み(46)を採用すると、この女性の「自我」は、息子が自分の首吊りを見てしまうのではないかという恐れに表れた自己愛によって、行為への移行からは守られた、ということになる。

かくしてデミーンは、数日の間、その規模ゆえにドイツ史上において比類のない集団自殺の舞台となった。(47)数百人の女性たち、子供たち、乳飲み児たち、老夫婦たちが自ら進んで死を迎えたのである。その推進力は拡散的で包括的であり、いかなる社会層も年齢層も免れていない。住民たちはさまざまな方法を選択した。独りで自殺した者もいれば、夫婦あるいは子供たちと一緒に自殺した人たちもいた。集合住宅の自室の中や、地下室や、町の外を選んだ人もいた。総じて真っ先に命を絶ったのは母親や子供だった。男たちは町にほとんどいなかった。数週間前から戦争捕虜だったり、従軍中だったり、戦死していたからだ。ある人たちは医療関係の仕事（医者、薬剤師、獣医、歯科医）に就いていたことでモルヒネや青酸カリを所有しており、それを使って家族を死なせた。そんな物など持っていない者たちは、針金、剃刀、縄のような、より「苦痛を伴う」他の方法を選択した。大半の自殺は、トレーベル川、トレンゼ川、ペーネ川の中で実行されている。その天然の地形によって、デミーンは川にすぐに到達できる町だった。女性たちが最後の力を振り絞って溺死から免れたとしても、子供たちの場合はそうはいかなかった。ウルズラ・シュトローシャインの証言では、ソ連兵たちが川に飛び込んだり蘇生措置を試みたりして女性や子供たちを救おうとしたものの、大抵は果たせなかったことが強調されている。(48)

政治体制の崩壊、国家の崩壊、社会の崩壊という避け難いものに抗ってきたドイツ社会の絶望の究極の形を体現したのが、デミーンの数日間だった。持ち堪えようという意志は集団的な自殺欲動となって表れ、一九四五年春の数日間、デミーンはどん底に沈んだ。自殺という考えは、純然たる暴力へ傾いていく時に直ちに生まれたものではない。それは数ヶ月の間漂っており、こそこそと話され広まっていた。それはある意味では多くのドイツ人の想定内ではあったが、最後の瞬間まではまだ、ずっと遠くのおぼろげな選択肢でしかなかった。四月三〇日から五月一日の夜に出現したあのような暴力空間のみが、自殺を即座に現実のものとすることになったのである。

しかし、このような生命の放棄は、ナチの宣伝によって広められていた死についての英雄的光景とは、全体としては無関係であった。ジャン・アメリーの表現を使うなら、この「死へのかたむき」(49)は全く前向きのものではない。それは抵抗の行為というよりは、あまりに重大な危機に外から脅かされたために反射的に起きた前方逃避を反映したものだからである。その危機は男性的肉体的な力によって体現され、大抵の場合、しまいには大半はプロテスタント信者たちである市民に、彼らの内的な規範やキリスト教的な価値観に背くことを強いることになった。数百人もの人々の心身は、身体への暴力と大火災という状況で崩壊した。このうちの多くは他者をも死へと引き摺り込んだのは明らかで、死を模倣する人も続出した。デミーンのケースがこれほどすさまじい規模になってしまったのはこのためである。

再出発へ

このようなすさまじい暴力がおさまってからは、一体後はどうなったのだろうか。一九四五年五月四日金曜日、火災はほぼ鎮火し、炎に包まれた町から逃れていたデミーンの住民たちも戻り始めていた。ウルズラ・シュトローシャインは両親と一緒にルイーゼン通りの一六番地に戻ったが、そこには黒く燻った建物正面の壁しか残っていなかった。彼女の父親のミネラルウォーター製造工房はただの瓦礫の山になっていた。[50] 一九五五年にヴィルヘルム・ダンマンが書いた証言はさらに印象的である。一九四五年五月四日に町に戻った時に、彼は、奇跡的に破壊を免れた聖バルトロマイ教会を除いて、破壊され尽くされた荒涼たる町の中心部の姿を描写している。[51] 周辺地区や郊外は、一、二軒の家以外はほとんど被害が及んでいなかった。市立文書館の写真コレクションが示すように、デミーンの住民たちは、数年の間、この悲劇の痕跡をとどめ、傷ついたゴーストタウンの風景の中で生活した。はじめのうちは、住民たちは歴史的中心部から瓦礫物を撤去し、その後、一部の資材は復興のために再利用された。彼らは一時的に、自殺者たちが残した住居を占有した。かくしてウルズラ・シュトローシャインの家族は数ヶ月の間、森の中で夫婦で命を絶った歯科医エンデルスの住居を占拠した。

同じ頃、伝染病の感染を避けるために自殺者たちを記録し、早急に埋葬する必要性が生じてた。デミーンの墓地埋葬記録簿によれば、三六〇人がそのために掘られた共同墓地に埋葬されたが、そのうち九〇パーセント以上（三六〇人中三二八人）が五月末までに埋葬されている。[52] 犠牲者の七五％が女性や子供であった。墓地の行政文書は、三六〇人のうちの二六五人については自殺の種類を記載している。大半は名前を同定できない避難民である。一四七人が溺死、五三人が水中で発見され、三六人が手段不明の自殺、七人が服毒死、九人が拳銃自殺、六人が縊死、四人が手首の血管の切断だった。残りについては、名前に疑問符が付けられている。溺死体が水面まで浮かび上がり引き上げるのには、時に数週間を

ホルシュテン通り

通りの左側には、町西部の兵舎の高さにまで瓦礫が積み上がっている。中心街のこの通りには火災の跡（炎で黒焦げになった建物の正面）がある。破壊された家屋のレンガは建物の入り口に積まれ、再建に利用された。

ルイーゼン門1

写真の右側に見える31メートルの高さのルイーゼン門は、自然の要害によって守られていなかったデミーンの西側の安全を確保していた。デミーンを守っていた市壁の中で最も高い門であり、破壊を免れた最後の市門である。カール・トレッティンの写真からは、町の目抜き通りであった廃墟のアンクラマー通りが見える。

ルイーゼン通りとトゥルム通り

ルイーゼン通りから撮られたこの写真の奥の方に、対空防衛警報器が載っている学校が見える。手前の方の瓦礫は、ハンス・シューマッハーの自動車修理工場の跡である。

ルイーゼン門2

この傾いている写真は1946年のもので、当時はソ連側が、廃墟の町の写真を撮ることを固く禁じていた。

旧ハイルガイスト教会

右は、中世に建造され、デミーン最古だった旧ハイルガイスト教会の残骸。この教会はカールデン橋のそばにあった。まさに河川港近くのこの跳ね橋を通って、グスタフ=アドルフ・スキッベと彼の大隊の兵士たちがデミーンを最終的に後にした。

（撮影　Karl Trettin（1872-1954）, Wolfgang Furhmann のコレクションより）

要した。ハインツ＝ゲルハルト・クヴァートは、ジャーナリストのギーゼラ・ツィンマーとのインタビューの中で、死体を魚のごとく捕まえるために、ソ連兵がゴム手袋とタモ網を配布していたと語っている。(53)

デミーン市長宛の一九九五年の書簡の中で、E・ツァイツは、当時「遺体処理部隊」と呼ばれていた人たちが担当していた、死体の埋葬作業について報告している。これは民間人で編成された部隊で、彼の叔父も参加していた。彼はまた、黒焦げの建材と溺死体の匂いが混ざった耐え難い悪臭が五月中旬まで町を覆っていたことも訴えている。溺死体は、水中から引き上げられると、荷車に乗せて市の墓地に運ばれ、可能な限り身元調査が行われた。そしてやっとのこと、民間人のまた別のチームによって、遺体は共同墓地に埋葬された。埋葬は、デミーンに戻ってきた教区監督アハターベルクが見守る中で行われ、彼自身が臨終の祈りを捧げた。(54)町に依然駐留していた赤軍の兵士たちは、この不気味なプロセスからは距離を置いていた。シーツ、紙袋あるいは（乳幼児のための）旅行鞄に包まれた自殺者たちの遺体は溝の中に置かれ、石灰と砂で覆い被された。それから、その部隊は、次の自殺遺体の一群を上に積み重ねた。自宅で命を絶ち、遺体が火災で焦げ、瓦礫に埋もれてしまった者たちが発見されたのは、戦後数年経ってからであることもあった。というのも、町の中心部はすぐには再建されなかったからである。

行政秩序は、ソ連占領軍の支配の下で再建されている。カオスと完全暴力の時期の後、すぐにソ連支配下の復興の時代が続いた。(55)ヘレーネ・ザックは日記の中で、イギリス軍がオーデル川までの北部地区全体を占領することになっており、彼らがじきに引き継ぐという噂が流れていることを伝えている。(56)この噂はおそらく、ソ連軍がこの地域を占領し続けるなら暴力が再発するのではという恐怖に結びついていた。間違いなく、身体的暴力がソ連占領軍に適応しなければならなかった住民たちの間に恐怖心や不信感を醸成する一因となった。

ペトロフ少佐は、五月七日にもデミーンの新たな地区顧問と市長を任命した。地区顧問は、市の男子校の元校長、アルトゥア・ミュラーだった。フリーメーソンだった彼は一度もナチ党の党員だったことはなかった。彼を補佐したのが、赤軍について町にやってきたジーロフなる人物だった。彼は、スターリングラードの戦いの後にソ連軍によって一九四三年七月に創設され、反ファシズム作家エーリヒ・ヴァイネルトの指導下に置かれた組織、自由ドイツ国民委員会のメンバーだった。市長はハルツという名前で、もともとは市の職員で施設整備を担当していた。W・ダンマンは、五月一一日にも高校教員の仕事に戻るよう要請されたが、彼は健康上の理由でソ連軍の提案を断っている。(57) 続く数ヶ月の間、ソ連軍は、学校の非ナチ化に着手し、ナチ党員だった八〇人の教員を解雇している。

ペトロフ少佐は、五月一九日には公式に市と地区の司令官に任命されている。このソ連軍のポストは、一九四九年に東ドイツが建国されるまで置かれている。彼は、一九四五年五月二三日には、デミーンにおける非ナチ化のプロセスを開始する最初の指令を発表している。(58) この指令文は、全ての地方行政組織の解散、ならびにナチ党と、ヒトラーユーゲントや親衛隊や突撃隊などのナチ党関連組織の禁止を宣言している。これらの組織の責任者は調査を受けるために司令部への出頭を命じられた。拒否した場合には、「スパイ行為とサボタージュ」で告発され、それゆえ逮捕される可能性があった。面倒なことが起きぬよう、ヘレーネ・ザックも母親も、ありとあらゆる写真や(手紙を含めた)軍関係の書類を燃やしている。(59) ブルーノと、消息のわからないヘレーネの父親、グスタフの二人を巻き込みかねなかったからである。

またペトロフは、元のナチスの旗を加工して住民たちが作成した赤旗を掲げることを禁止している。ソ連軍は二〇時から八時までの夜間外出禁止を導入した。一九四五年六月一二日には、それが二二時から朝六時までに戻されている。新たな地元の行政当局は切符制での配給制度を設置した。三歳未満の子供には〇・五リットルの牛乳が与えられた。ロシア軍はまたバターと少々のパンも配給した。二軒のパン屋が営業を再開した人口四〇〇〇人の小都市ローイッツとデミーンを隔てる七キロの道のりを踏破するという強者の住民もいた。同じ月には、デミーンにも電力が戻り、列車の運行が再開し、町は孤立状態からから抜け出している。

しかしながらソ連軍がかなり早い時期から解体政策《デモンタージュ》を始動させたことで食糧や物品の欠乏状況は悪化していった。ヘレーネ・ザックとウルズラ・シュトローシャインは、一九四五年六月にすでに占領軍が全ての家畜牛と木材の備蓄を差し押さえていたと伝えた。デミーンや周辺で使われていた農機具は次々に押収され、解体され、荷造りされてソ連に送られている。(60) 一九四五年一二月までに、一六八件以上の「対象物」が押収されている。共産党の隠語では、「対象物」という言葉は、家屋、工場、巨大な発電機のような機械設備を大雑把に指していた。一九四六年一月三日付の、地区顧問がまとめた報告では、このような解体政策は極めて評判が悪かったと指摘されている。「他の占領地区の方が状況は遥かに良いという悪い噂が最近たっている」ほどだった。(61)

医師のハルトマンやヘルプストのような地元の医者たちの支持を得て、ソ連軍はまた、感染症のチフスの流行を防ぐためのワクチン接種キャンペーンを始動させている。赤痢、シラミ、トコジラミそして性病とも闘う必要があっただけに衛生状況は極めて深刻であった。ソ連の政治警察が、軍医のゲンツ医師が一九四六年二月まで数人の暴行被害者の女性たちの堕胎に手を貸してきたことに気づいたのはこのような状況においてであった。彼の逮捕は公式には、彼がチフスの蔓延に効果的に対処することができなかったためとされた。チフスの蔓延は、強制移動させられた一八〇〇人のドイツ人の一団が、町の旧兵舎に到着し、収容されたことによって引き起こされていた。この際のソ連政治警察（チェキスト）による尋問で、この医師の堕胎への関与が露見したのである。[62]

最後に、赤軍は、デミーン一帯で倒れた十数人の兵士のための小さな墓地と、彼らの栄光を讃える記念碑も建てさせている。したがって彼らは、五月初めの物理的な暴力だけでなく、住民たちに記憶の禁忌を課したという意味において、象徴的な暴力も加えることになった。しかし、当面、デミーンの住民たちは、あの崩壊した社会で身動きが取れぬまま、どうにか生き延びようと必死だった。彼らは、辱められ、支配されていた。いまだ戻ってこない夫、父親、兄弟を案じながら飢え、死んでいった。ヘレーネ・ザックは一九四五年六月一一日の日記に、夫のブルーノへの一途な思いを記している。「彼はどこにいるのだろう。まだ生きているのかさえ疑問だ。ある日、彼は私に言った。『レニ、戦争に負けたら僕を待たなくていいよ。お互い死んでしまおう。[63]』」彼女は自分の思索を、この全ての不幸の元凶であるヒトラーがどうなるかを自問することで締めくくっている。「アドルフ・ヒトラーがこの世に生まれてこなければよかったのだ。[64]」彼女の子供たちへの愛情だけが、廃墟の町の将来に希望を抱き、生き残る活力を与えることになった。W・ダンマンは、自分の話を締め括るにあたり、次のように言い切っている。「ゲッベルスの総力戦は完全に終わってしまった。それからは、とにかく町での普段の生活を取り戻せるかにかかっていた。[65]」

（1） Giorgio Agamben, *État d'exception. Homo sacer*, traduit de l'italien par Joël Gavraud, Paris, Seuil, 2003［『例外状態』上村忠男、中村克己訳、未来社、二〇〇七年］.

（2） Walter Benjamin, « Critique de la violence », *in* W. Benjamin, *Œuvres I: Mythe et violence*, traduit de l'allemand par Maurice de Gandillac, Paris, Denoël, 1971, p. 121-148［『暴力批判論　他十編　ベンヤミンの仕事1』野村修訳、岩波文庫、一九九四年、二七－六五頁］.

（3） F. Huber, *Kind, versprich mir..., op. cit.*, p. 22.

（4） DTA 131, *So war's! Lebenserinnerungen 1922-1997, op. cit.*, p. 68.

（5） この橋も同様に、親衛隊部隊が発つ前に破壊されていた。

（6） Brief von Frau Else R., *cit in* N. Buske, *Das Kriegsende in Demmin, op. cit.*, p. 31.

（7） U. Strohschein, « Rote Armee in Demmin », *art. cit.*

（8） 薬局は、駅前通り（Bahnhofstraße）六番地にあった。

（9） Brief von Frau Else R., *cit in* N. Buske, *Das Kriegsende in Demmin, op. cit.*, p. 31.

（10） ドイツ語で腕統計はウアー。

（11） Lettre d'E. Zeitz adressée au maire de Demmin, *op. cit.*

（12） Brief von Frau Else R., *cit in* N. Buske, *Das Kriegsende in Demmin, op. cit.*, p. 32.

（13） *Ibid.*

（14） « Erinnerungen von Dr. Wilhelm Dammann », *cit in* N. Buske, *Das Kriegsende in Demmin, op. cit.*, p. 37.

（15） 死亡記録簿には、モルデンハウアー一家が一九四五年五月六日に埋葬されたと記載されている。

（16） « Erinnerungen von Dr. Wilhelm Dammann », *cit in* N. Buske, *Das Kriegsende in Demmin, op. cit.*, p. 38.

（17） Elke Scherstjanoi, « Die Einnahme der Stadt Demmin durch die Rote Armee am 30. April 1945 », *in* Demminer Regionalmuseum (dir.), *Das Kriegsende in Demmin, op. cit.*, p. 33.

（18） U. Strohschein, « Rote Armee in Demmin », *art. cit.*

（19） *Ibid.*

（20） Samuel Marshall, *Men Against Fire. The Problem of Battle Command*, New York, W. Morrow, 1947.

（21） Dave Grossman, *On Killing. The Psychological Cost of Learning to Kill in War and Society*, Boston, Little Brown, 1995.［『戦争における「人殺し」の心理学』安原和見訳、ちくま学芸文庫、二〇〇四年］.

(22) R. Collins, *Violence..., op. cit.*

(23) DTA 131, *So war's! Lebenserinnerungen 1922-1997, op. cit.*, p. 68.

(24) *Ibid.*

(25) *Ibid.*

(26) H. Arendt, « Sur la violence », *in* Hannah Arendt, *Du mensonge à la violence. Essais de politique contemporaine*, Paris, Calmann-Lévy (coll. « Agora »), 1972, p. 154〔『暴力について――共和国の危機』山田正行訳、みすず書房、二〇〇〇年、一四二-一四三頁〕.

(27) Jean-Philippe Heurtin, « La logique des situations comme nômos du présent. La sociologie des crises politiques et le congé donné à la causalité historique », *in* M. Aït- Aoudia, A. Roger (dir.), *La logique du désordre, op. cit.*, p. 117 et suivantes.

(28) « Erinnerungen von Dr. Lotte-Lore Martens », 1995, *cit in* N. Buske, *Das Kriegsende in Demmin, op. cit.*, p. 26.

(29) Brief von Frau Else R., *cit in* N. Buske, *Das Kriegsende in Demmin, op. cit.*, p. 32.

(30) *Ibid.*

(31) DTA 131, *So war's! Lebenserinnerungen 1922-1997, op. cit.*, p. 69.

(32) *Ibid.*, p. 68.

(33) U. Strohschein, « Rote Armee in Demmin », *art. cit.*

(34) Manfred Lietzow, « Vor 70 Jahren : Demminer Tragödie 1945 », *OMV Kurier*, n° 2, 2015.

(35) Brief von Frau Else R., *cit in* N. Buske, *Das Kriegsende in Demmin, op. cit.*, p. 33.

(36) *Ibid.*, p. 32.

(37) « Erinnerungen von Maria Buske », *cit in* N. Buske, *Das Kriegsende in Demmin, op. cit.*, p. 51.

(38) « Erinnerungen von W. Dammann », 13.11.1955, *cit in* N. Buske, *Das Kriegsende in Demmin, op. cit.*, p. 38.

(39) « Erinnerungen von Irmgard von Maltzahn »,1945, *cit in* N. Buske, *Das Kriegsende in Demmin, op. cit.*, p. 55.

(40) DTA 131, *So war's! Lebenserinnerungen 1922-1997, op. cit.*, p. 69.

(41) « Erinnerungen von Maria Buske », *cit in* N. Buske, *Das Kriegsende in Demmin, op. cit.*, p. 51.

(42) Gisela Zimmer, « Demmin 1945: 'Am Sinn des Lebens irre geworden' », NDR, 08.01.2020. https://www.ndr.de /geschichte/chronologie/Kriegsende-1945-Massensuizid-in- Demmin,kriegsendedemmin100.html

(43) M. Dabs, *Lebenserinnerungen, op. cit.*, p. 80.

(44) *Ibid.*, p. 84.
(45) DTA 131, *So war's ! Lebenserinnerungen 1922-1997, op. cit.*, p. 73.
(46) Sigmund Freud, « Deuil et mélancolie » (1916), *Métapsychologie*, traduit de l'allemand par J. Laplanche et J.-B. Pontalis, Paris, Folio, 1968, p. 160-161［「喪とメランコリー」『フロイト全集　14』伊藤正博訳、岩波書店、二〇一〇年、二八三頁］.
(47) 自殺事例はドイツ全土で見られるが、それらの大半は第三帝国の東部である。
(48) U. Strohschein, « Rote Armee in Demmin », *art. cit.*
(49) Jean Améry, *Porter la main sur soi. Traité du suicide*, traduit de l'allemand par Françoise Wuilmart, Arles, Actes Sud, 1996, p. 83［『自らに手をくだし——自死について』大河内了義訳、法政大学出版局、一九八七年、一〇二頁］.
(50) U. Strohschein, « Rote Armee in Demmin », *art. cit.*
(51) « Erinnerungen W. Dammann », *cit in* N. Buske, *Das Kriegsende in Demmin, op. cit.*, p. 40-41.
(52) Petra Clemens, « Selbst in den Tod gegangen, ums Leben gebracht... », *in* Demminer Regionalmuseum (dir.), *Das Kriegsende in Demmin, op. cit.*, p. 2.
(53) H.-G. Quadt, « Erinnerungen », *op. cit.*
(54) Lettre d'E. Zeitz adressée au maire de Demmin, *op. cit.*
(55) Elke Scherstjanoi, *Sieger Leben in Deutschland, Fragmente einer ungeübten Rückschau. Zum Alltag sowjetischer Besatzer in Ostdeutschland 1945-1949*, Gransee, Schwarzbeck, 2020.
(56) H. Sack, *Warten auf Bruno, op. cit.*, p. 93.
(57) LHA 46, *Tätigkeitsbericht des Landrates Demmin, 03. 01. 1946*, non paginé.
(58) LHA 34, *Befehl des Kommandanten der Roten Armee in der Stadt Demmin, 23. 05. 1945*, p. 250-251.
(59) H. Sack, *Warten auf Bruno, op. cit.*, p. 93.
(60) *Ibid.*
(61) LHA 46, *Tätigkeitsbericht des Landrates Demmin, op. cit.*
(62) « Erinnerungen von Dr. Lotte-Lore Martens », *cit in* N. Buske, *Das Kriegsende in Demmin, op. cit.*, p. 29.
(63) H. Sack, *Warten auf Bruno, op. cit.*, p. 94.
(64) *Ibid.*
(65) « Erinnerungen W. Dammann », *cit in* N. Buske, *Das Kriegsende in Demmin, op. cit.*, p. 42.

第六章

苦悩の記憶の再生とその政治利用

東ドイツ時代になると、デミーンの自殺者たちは、たちまち政治的タブーと記憶上の禁忌となった。反ファシズムと独ソ友好の二重の記憶遮蔽幕が、一九四五年春のこの数日の惨禍を覆い隠すことになった。五月八日の記念行事や公式演説によって、地元の政治権力は、住民たちにこの悲劇の集団的記憶を極限まで抑圧することを強いてきたのである。それ以来公共空間を満たしたのは、犠牲となったソ連兵やレジスタンス活動に身を投じた共産党員たちへの言及であり、自殺者たちの記憶は家族の私的な空間に追いやられていた。しかも家族の中であっても、この記憶は恥辱の感情に関わるために、表に出すことには困難が伴っていた。一九七五年には、「ドイツの解放三〇周年」記念行事の一環で、地元の労働運動史に関する歴史資料の収集のための委員会が、社会主義統一党（SED）によって委任されている。この歴史家集団は、『一九四五年四月―五月の勝利への道』と題した小冊子を出版した。

一九九〇年までデミーンの地元の歴史博物館では、町の学校の生徒をはじめとする見学者たちに、「第二次世界大戦により、デミーンでは、戦争行為や病気が原因で一九四五年から一九四六年の間に、住民の中に二二〇〇人の死者が出た」(1)と教えていた。中立的で無色の「戦争行為」という表現が、強姦や自殺を覆い隠すために使われた。一九八九年、第二次世界大戦開戦五〇周年の機会に出版された、SEDの地方組織の歴史年代記の作者は、歴史的中心部の八〇パーセントが破壊されたことを正当化するために、「ファシズムから解放してくれた」(2)「ソ連の友人たち」の正当防衛という理屈まで引き合いに出していた。彼らによれば、これらの破壊行為は、「人狼部隊《ヴェアヴォルフ》の隊員たちによって犯された犯罪行動」に直面したソ連軍兵士の至極当然の対応に過ぎなかったとのことであるが、実際は、このナチ義勇兵である遊撃隊は、デミーン一帯ではまったく活動していなかった。「ドイツの市民を苦しめる意図は全くなかった赤軍であるが、これらの攻撃によって、町の中心部に火を放たざるを得なくなってしまった。(3)」歴史的中心部の火災におけるソ連側の責任を認めつつも、この公式歴史叙述は同時に、デミーンの住民たちがソ連兵を丁重に迎えたことで、町が完全に破壊されるのを妨げたという場面をまるまるでっち上げた。この虚偽の言説は、東独の消滅まで公共空間を占めている。

ドイツ人もまた戦時暴力の犠牲者であったという、第二次世界大戦の道徳上微妙な側面に目を向けさせるこの悲劇の記憶は、地元の記憶請負人である牧師のノルベルト・ブスケの指導の下で復活を果たした。ブスケは、ドイツ再統一後に新しいキリスト教民主同盟の市議会議員団の支持を得た。一九九〇年からは彼自身も、メクレンブルク・フォアポンメルン州議会で、議員として地方政治の仕事に就いたが、これは一九九四年までだった。というのも一九九一年六月には彼がシュタージ(訳注1)の非公式情報提供者であったことが暴露されたからである。(4)ブスケは東ドイツの政治警察とは一度も正式の契約をしていなかったが、当初の発言とは裏腹に、一九六〇年代中頃には諜報官吏との十数回の会談が確認されていたのである。彼は議会の司法問題委員会の議長を辞職せざるを得なかった。最終的には彼の嫌疑は晴れたものの、スキャンダルによって彼の政治生命は断たれてしまった。

郷土史家と地域福音のキーマンへと宗旨替えしたブスケは、一九九五年と二〇〇五年の二度にわたって、デミーンの住民の苦しみにしかるべき地位を与えるべく記憶の攻勢をかけている。一九九五年四月三〇日に彼は、聖バルトロマイ教会での自身の説教の中で、この「死と自殺と火災と破壊の地獄」を追悼し、生存者の誰もがこの「赤い火の海」(5)を忘れることはできないと訴えかけた。それは社会主義の独裁下の五〇年間被せられてきた鉛のマントを告発するための彼なりのやり方であった。彼が集めた証言は、終戦六〇周年記念行事に際して全国規模でこの悲劇がメディアに大きく取り上げられた際の根拠を提供した。二〇〇〇年代初め、ドイツ人市民が受けた苦難がメディアに取り上げられたり、しばしば名誉回復されたりした。このような企てと同時に進行していたことを考えると、この種の取り組みには有利な環境があった。終戦時のドイツ女性への暴行という問題は、二〇〇三年にベルリンのジャーナリスト、マルタ・ヒラースの自伝的証言が再版されたことによって、メディア上の認知を得ることになった。(6)その前年には、第二次世界大戦中のドイツの都市への空襲についての歴史家イェルク・フリードリヒの本の出版が注目を集めていた。同書は、著者が英米軍の戦略爆撃の恐怖とナチのジェノサイド政策を並べるという歴史修正主義的解釈を主張していたために、ドイツにおいて(さらにイギリスでも)激しい論争を引き起こした。(7)この本が出たのは、ギュンター・グラスの、フィクションと歴史的事件を交えた小説『蟹の横歩き』と同時期だった。グラスの作品は、赤軍から逃れてきた東プロイセンのドイツ住民一万人が避難民として乗船していたヴィルヘルム・グストロフ号の撃沈をテーマに語っていた。(8)メディア

(訳注1) 東ドイツの国家公安省の略称Stasi。全盛期には、ナチスドイツのゲシュタポやソ連のKGBに匹敵する規模になり、国民を徹底した相互監視網の下に置いていた。

空間へのこのような悲劇の記憶の回帰は、かなりの問題を引き起こした。というのは、ドイツ人をロシア人の被害者とするこの言説がしばしば、戦争そしてナチ時代におけるドイツの責任をある種相対化するものであると受け取られてしまったからである。このような記憶のモメントは、極右運動が流れ込む突破口を開いてしまったのである。かくして、二〇〇六年以来、デミーンのこの悲劇の記憶は、地元の急進右翼と極右によって政治的道具として利用されてきている。

すでに一五年近く前になるが、ＮＰＤ（ドイツ国家民主党）[9]のフォアポンメルン州連盟は、五月八日という歴史的日付を、ドイツ再統一の社会経済的影響をまともに喰らってしまったこの町の地元の公共空間における主要な党員活動行事の一つに設定した。東ドイツ時代には最大で一万七〇〇〇人まで数えたデミーンの人口は、今日ではかろうじて一万人に届くか届かないかである。中心部全体の再開発と、諸悪の解決策と目されたグリーンツーリズムの展開戦略にもかかわらず、デミーンは明らかに、廃れた瀕死の周縁小都市の一つである。周縁化の一途を辿っている他の東独の地方においてと同様に[10]、急進右翼、極右、ＡｆＤ（ドイツのための選択肢）などの政党は、近年、確固とした党活動家の基盤と、ＳＮＳを使った非常に効果的なコミュニケーション活動を展開している。

二〇〇六年以来、この急進右翼の寄せ集めは、「一九四五年四月から五月にかけて命を落とした多くの無実の子供、女性、男性たち[11]」を偲びながら町を無言で練り歩くために、ＮＰＤの主導のもとデミーンに百人ほどの活動家を集結させてきた。毎年五月八日に、この行進は、一九四五年に起こったことを忘れないようにと説き、この日を「解放の日」と見做さないよう呼びかける大きな旗を先頭に掲げ、町を端から端まで歩いている。そこに集まるのは基本的には二〇歳から四〇歳の活動家で、黒いジャンパーかTシャツを着用し、短髪かスキンヘッドで硬い表情と一体化したようなサングラス姿である。女性の姿はほとんど見られない。参加者の大半は、メクレンブルク地方出身者であるが、ドイツの他の地域（西ドイツを含む）から来ている者もいる。

このドイツの急進右翼は、一九八五年五月八日のドイツ連邦共和国大統領の名演説とは意図的に公然と真逆のスタンスをとっている。第二次世界大戦終結四〇周年に際して、リヒャルト・フォン・ヴァイツゼッカーは、五月八日を、物質的廃墟、混沌、そして社会崩壊によって被った狼狽感情にもかかわらず、ドイツ人にとっての「解放の日」であると語ったのである。

ドイツの極右政党には、「ドイツ人犠牲者の苦しみと自称解放者によって犯された残虐行為を堂々と」[12]記念する意図がある。NPDは、この記念行事を通じてデミーンでの「ドイツ人に対して犯された残虐行為を」[13]メディアが取り上げられるようになったことに貢献し、一九四五年五月八日を祝うことは「我が人民に対して犯された最大の犯罪」[14]を隠蔽しているという考えを主張することによって、道徳的活動を行ってきたのだと豪語している。これに反発して、反人種差別主義で極左に近い組織がまとまった「五月八日デミーン」は、二〇一〇年以来、極右に公共空間を独占させないよう対抗デモを主催している。

二〇二〇年には、新型コロナのパンデミックがやはり、NPDのデモの開催を非常に困難にした。NPDのデモは人数を（最大五〇人に）限定し、物理的な距離を遵守しなければならないことになっていた。結局、これらの衛生上の制約は、極右の地方責任者にとっては厳しすぎると判断され、「行進開催に相応しい条件が揃っていない」[15]として、沈黙の行進は取りやめになった。一方、反ファシスト活動家たちは、人種差別と同性愛差別を告発するデモの開催を維持し、とりわけデミーン駅の前に次のような幟を広げている。「ヨーロッパを要塞にするのではなく海に橋を架けよう。」彼らの中にはペーネ川をカヤックで下り、ポスターを振り翳して「犠牲者神話を『沈めよう』」と呼びかける者もいた。

二〇二〇年にはＡｆＤが、二〇一九年五月の市議会選挙で二〇パーセントを得票したことに力を得て、初めて議論に参入してきた。ＡｆＤは、ＮＰＤに対して、あの種の記念行事を「耐え難いデモ」と評して、やめるよう呼びかけた公開書簡を発表した。ナショナリストで外国人嫌いの政党は、ＮＰＤの記念言説との思想的類似性と地方レベルでの体面の形態との間で微妙なバランスを見つけようとしている。二〇二〇年五月八日、ＡｆＤの活動家たちは、衛生上の危機をものともせず、この「悲劇」[16]の犠牲者を記念した石碑の袂に花輪をささげている。二つの思想的、政治的目標を和解させようとして、デミーンの市議会と県議会のＡｆＤの代表たちは、たしかに、デミーンでの行進を開催することを諦めたＮＰＤの決定には敬意を表した。しかし、彼らが「お祭り社会《ファイエルゲゼルシャフト》」と呼ぶものを体現する反ファシストデモは批判した。

ＡｆＤとＮＰＤは、逆に、五月八日という記念日は、戦争におけるドイツ人の犠牲者のための追悼と敬意の日であるべきであり、ドイツ東部地方が社会主義独裁の頸木へ移行した日であることを強調すべきであると考えている。この言説は、この急進右翼がドイツ「民衆」と対置している政治的メディア的エリートの告発と、虚偽と形容している公式の歴史記憶への異議申し立てという全体的な戦略の中に位置付けられている。

このような政治的回収に対抗するために、二〇一五年の第二次世界大戦終結七〇周年以来、いくつかのイニシアチブが日の目を見ている。二〇一五年春には、千本の赤いチューリップが植えられ、ハンザ地区の青々とした草で覆われた川岸と、デミーンの河港を拡大するために一九一三年に開削されたペーネ川の人造支流であるシュティッヒ運河とが繋げられた。この植栽帯は、長さ一〇メートル、幅四メートルの緩やかにカーブした大きな波を描いていた。ドイツ人芸術家コーラ・フィッシュが考案し創作した、この花のアート作品は、伸びた茎につく花は一つだけというチューリップの特性とその花の色彩との両方を活かしたものである。この波形の植栽帯は、デミーンの自殺者たちを追悼するために、毎年細心の配慮をもって整えることが想定されており、儚く壊れやすい印象と、力強い印象を併せ持っていた。後者は、一度植えれば毎年花を咲かせる球根を持ったこの花の選択から連想される。

コーラ・フィッシュは、第二次世界大戦の惨劇の紛れもない現場の一つにおいて、生と死を交差させようとしていたのである。レゾナンツフェルト――響きと戦場をめぐる語呂合わせ――と題したこの芸術作品は、デミーンの地中であの集団自殺の悲劇の外傷性記憶を刻み込んでいた。作品には一九四五年四月三〇日と五月四日の間に自殺した数百人の住民と避難民を追悼するプレートが添えられていた。レゾナンツフェルトは、集合的記憶を非常に独創的な方法で表現していた。この芸術プロジェクトによって互いに繋がれている個々人の思い出の総体が、散策する人々に訴えかけ、この記憶が生き生きとしたものであり続けられるよう工夫されていたのである。ところが、束の間しか花を咲かせないチューリップは、たちまち、背の高い草にとって代わられ、あの波のように見えた小径は覆い隠されてしまった。散策者たちの目に触れた花のモニュメントは、あっという間に、荒れるがままになってしまった。そこでＣＤＵ（キリスト教民主同盟）が仕切っている市役所は、この記憶の場を別の場所、ハンザ地区の広場に移すことを検討した。この構想は、二〇一九年にデミーンの郷土史協会からの告発を受けてしまう。移動が予定された広場はナチ時代にホルスト・ヴェッセルの名前がついており、総統誕生日の一九三三年四月二〇日にはアドルフ・ヒトラーに捧げたカシワの木が植樹されていたことが指摘されたのである。一年後には、この協会自身のイニシアチブで、協会の会員たちが春の赤いチューリップから繋がるように夏と秋には別の種類の花を植えることで、コーラ・フィッシュのプロジェクトを再生させることを決定した。

同じ時期、別のところでは、聖バルトロマイ教会の牧師、カルステン・ヴォルケンハウアーが、前任者のノルベルト・ブスケを引き継ぐ形で記憶に関する取り組みを進めている。二〇二〇年五月には、地域の様々な団体が縫った巨大な垂れ幕を、自身の教会の中でお披露目した。この長さ二四メートルのパッチワークには、一九四五年春の悲劇の犠牲者の数を象徴する千の十字架が縫い付けられている。祭壇の後ろに吊り下げられ、その場所にあるべきものとなった。犠牲者のキリのいい数は、印象に残るようにと考えられてのことである。また、こうすることで、過去の政治的利用を取り払った記憶を、宗教の枠内に限定しようしているとも言える。

（1）*Chronik zur Geschichte der SED-Kreisparteiorganisation*, non paginé.
（2）*Ibid.*
（3）*Ibid.*
（4）« Dieser und jener », *Der Spiegel*, n° 25, 1991, p. 81.
（5）Norbert Buske, *Meine Worte im Gottesdienst am 30. April 1995*, non paginé.
（6）*Une femme à Berlin. Journal 20 avril-22 juin 1945*, traduit de l'allemand par Françoise Wuilmart, Paris, Gallimard, 2006［『ベルリン終戦日記――ある女性の記録』山本浩司訳、白水社、二〇一七年］.
（7）Jörg Friedrich, *L'incendie. L'Allemagne sous les bombes, 1940-1945*, traduit de l'allemand par Isabelle Hausser, Paris, Éditions de

Fallois, 2004.

（8）Günter Grass, *En crabe*, traduit de l'allemand par Claude Porcell, Paris, Seuil, 2002［『蟹の横歩き――ヴィルヘルム・グストロフ事件』池内紀訳、集英社、二〇〇三年］.

（9）Valérie Dubslaff, *Les femmes et l'extrême droite politique en RFA. Le parti national- démocrate à l'épreuve du genre (1964-2017)*, thèse de doctorat en Études germaniques, Université Paris-Sorbonne, 2017.

（10）Emmanuel Droit, *Vingt-quatre heures de la vie en RDA*, Paris, PUF, 2020.

（11）NPDメクレンブルク・フォアポンメルン州連盟のサイトに州連盟会長シュテファン・ケスターが、二〇二〇年四月三〇日に投稿。「五月八日デミーンにおける沈黙の行進」https://www.npd-mv.de/?p=19761

（12）*Ibid.*

（13）*Ibid.*

（14）*Ibid.*

（15）AfDデミーン支部のFacebookへのシュテファン・ケスターの投稿。https://www.facebook.com/AfDDemmin/

（16）AfDデミーン支部のFacebookページ　https://www.facebook.com/AfDDemmin/

終章

第二次世界大戦史の中のデミーン

第二次世界大戦は六年の間、数千万人の兵士や民間人、数百万トンの爆弾、数千の航空機や戦車が関わった、マクロヒストリー上の出来事であった。ヨーロッパという規模に限定しても、これら全ての人的物的手段が、西は大西洋から東はヴォルガ川まで、北はノルウェーから南は北アフリカまで、数千平方キロメートルにわたって輸送、動員されている。この戦争の起源、展開そして結末については、今日、特定の軍事作戦の詳細に至るまで、よく知られている。二〇世紀の歴史の中心に位置し、世界戦争、帝国主義戦争の時代に刻み込まれたこの戦争は、時系列的には明確に区切られている。(1)第二次世界大戦は、一九三九年から一九四五年の間という時間的連続性に対応するが、その中では、通常型暴力と非通常型暴力の形態が伴ったおびただしい数のミクロヒストリー的要素が展開した。結果として、数百万人の個人が迫害され、強制収容所に送られ、飢餓に追い込まれ、殺害され、処刑されそして大量虐殺されたのである。およそ二〇〇万人のドイツ人の女性が敵軍によって強姦されている。

記憶の面では、現代における「最後のカタストロフ」として、この世界大戦は今なお、平和な今日の社会でも興味を掻き立て、多くの文化的創造物、映画あるいは文学作品を生み出し続け、いまだにかなり広範囲でヨーロッパの国々の国民的アイデンティティの中心的要素を構成している。(2) 西欧においてこの大戦は、「ホットな記憶」(3)として、ヨーロッパ・ユダヤ人絶滅をめぐる各国の責任や罪の重さについてに集中しがちな——個人的なものも集団的なものも——激しい論争の対象であり続けている。

エル・アラメイン(訳注1)、スターリングラード(訳注2)あるいはクルスクの決戦のような軍事的大事件以上に、経済や社会の動員の研究以上に、政治的軍事的大物や官僚組織の責任以上に、今日、大戦のよりよい理解に貢献しているのが、第一〇一大隊の「普通の人々」(4)、ランスのユダヤ人たち(訳注3)(5)、あるいはデミーンの自殺者たちの変転のような、幾多のミクロヒストリー的出来事の考察である。

普通の人々の運命を悲劇的な形で巻き込んだ小さな単位の時間や場所を分析することによって、政治的文化的布置に刻まれた唯一無二の細かな事実の多様性から出発しながらも、結果的に、全体としての第二次世界大戦をよりよく理解することができる。ミクロヒストリーとマクロヒストリーの間のレベルの違いは、空間的スケールではなく、むしろ時間的スケールの問題である。デミーンの惨劇は、たった数日間の出来事であったが、暴力がはびこった一五〇〇日以上の時間的連続性の中で展開している。このように「ケースごとの思考」(ルヴェル)は、この戦争の複雑さ、とりわけ独ソ関係の痛ましい一時期を分析する際には実り豊かな視点を提供してくれる。デミーンの歴史は、軍事的観点では非出来事《ノンエヴェヌマン》にとどまっている。決戦が行われたわけではなく、この悲劇は、戦争時下で起こる暴力と第三帝国の崩壊の全体的な状況の中に位置付けられているに過ぎない。ソ連側では、この地域へ攻勢をかけた上級将校のロコソフスキー元帥とバトフ将軍は、二人とも回想録の中で出来事への言及すらしていない。東ドイツの側では、一九四五年から一九八九年まで、この悲劇を公共空間で記念することは禁じられていた。一九九〇年代初めからは、ロシア将校の毒殺の話のような立証不可能な噂や伝説を集めるなどして、犠牲者としての記憶が広まっていった。地方レベルでも全国レベルでも、犠牲者としての記憶は、四〇年間の共産党独裁によって強いられた沈黙を逆手にとって正統化された歴史的言説となろうとすらしている。そこで、一九四五年四月末から五月初めにかけての数日間に起きたことにただ可能な限り向かい合おうとするには、自伝的痕跡や戦争犠牲者を持ち上げるこの強力な社会的要請から距離をおく必要性が生じる。しかし、それでは、他のもっと有名な、もっと重要な出来事ではなく、なぜデミーンに注目したのか。

ドイツ北東部のこの小さな町で起きた出来事と破壊の過程を細密に描写することは、戦時における暴力の複数の力学の包括的な解釈を精緻化する可能性を与えてくれる。そうすることで、個々の行動を一般化して全体を一括りにするような論理から抜け出し、伝説と化していたいくつかの物語を脱構築し、タブーやトラウマというページを落ち着いてめくることを可能にするはずである。このような見方によって、第二次世界大戦の分析に使用されてきた大きな枠組みをそのまま移植することはできないこと

(訳注1) 第二次世界大戦の北アフリカ戦線における枢軸国軍と連合軍の戦い。それまで連戦連勝だったロンメル将軍率いるドイツアフリカ軍団が、一九四二年七月と一〇月の二度にわたる会戦で敗れ、ミッドウェイ海戦、スターリングラード攻防戦と並んで大戦の転換点と位置付けられている。

(訳注2) 一九四三年七月から八月、東部戦線でソ連の都市クルスク周辺で行われた戦闘。史上最大の戦車戦といわれ、赤軍の勝利によって、以後、独ソ戦の主導権は完全にソ連側に移っている。

(訳注3) フランス北部、パ=ド=カレー県の郡庁所在地の町ランス Lens では、一九四二年九月一一日にユダヤ人五二八人の一斉検挙が、地元のフランス警察の協力の下で実施されている。

にも気づくことができるに違いない。その見方は、政治的、思想的あるいは感情的な原因に機械的に結びつけてしまうこととは距離を取る可能性を提供してくれる。一九四五年四月三〇日と五月四日の間にデミーンで発現した暴力の潜在性は、ソ連兵のドイツ憎悪や復讐法や凶暴性に関連した単一の因果関係に帰することはできない。

このように、デミーンの自殺者たちを研究することで、ナチ・イデオロギーの効力や、ソ連軍の凶暴性、「生来の」復讐欲などといった月並みな説を脱構築することが可能になる。自伝的文書を突き合わせることで、ロシア兵の「野蛮さ」というテーゼは、戦後すぐに東ドイツの共産主義者たちがロシア人たちの行き過ぎた暴力を正当防衛として適切だったと正当化したテーゼと同様に問題を含んでいることがわかる。ドイツの歴史家イェルク・バベロフスキが、暴力空間についての力強い考察の中で指摘しているように、「女性たちの腹を裂き、強姦し、殺害する者たちの信条は重要ではない。思想で殺害するわけではなく、それでは何も説明できない。思想は暴力を正当化する以上の何物でもない。状況こそが加害者と被害者の間に起きたことを説明するのである。」(6)したがって、ソ連兵の暴力行為は、まず第一にデミーンの特異な布置にこそ背景を求めるべきであって、ソ連兵の志向性にではない。(7)この町が暴力空間へと変貌し、暴力がおこる可能性が数時間のうちに高まってしまったのは、ドイツ側権力が不在だったためであり、橋が破壊されてしまったことで、その時点までは戦火を免れていた町に、兵士たちが溢れかえってしまったからである。挙句の果てに、流れ弾に当たる恐怖に取り憑かれ、いつ死んでもおかしくないという恐れに苛まれていたソ連兵たちは、気持ちがゆるんだことで、アルコールの助けを借りて、大勢でいて気が大きくなり、勝利を決めたいという意志からくる力を濫用し、無防備の女性たちの肉体を奪ったのである。

ミクロの出来事が敵対する二つの陣営の間の相互作用を伴う正確な布置という意味で理解されるとすると、デミーンの事例が示しているのは、何よりもまずそのミクロの出来事が、どのように総合的状況、政治的決定、集団的感情（特に恐怖）、そもそも出会う運命にはなかった個々人の軌跡、他者（ロシア人であれドイツ人であれ）の表象を掛け合わせた複数の力の動きの結果であるのか、ということである。マリーア・ブスケ、イレーネ・ブレーカー、マリー・ダプス、ヴィルヘルム・ダマン、マリーア・ディークホフ、ヘレーネ・ザック、グスタフ＝アドルフ・スキッベあるいはウルズラ・シュトローシャインは、たまたま戦争の成り行きでデミーンに居合わせたのである。彼らがドイツ史上最大の集団自殺となってしまった戦争暴力の悲劇の瞬間を共有することになったのは、全くの偶然であった。

復讐のイデオロギーで殺害が行われたのではないし、ソ連兵がデミーンを包囲したのは、町の中心部を焼き払い、民家で略奪し、女性たちを強姦するという三つの目的をあらかじめ定めていたからでもなかった。絶え間ない攻勢で疲弊した兵士たちは、ドイツの民間人たちと同様の恐怖を抱えていた。町に軍が入る直前には、ドイツ側だけでなくソ連側でも、張り詰めた神経のレベルが一段と上がっていた。一方では、戦争の終結が近づき、赤軍兵士たちを導いていたのは生存の論理であった。他方でドイツの民間人たちは、住民も避難民も、衰弱し、絶望していた。体制崩壊が切迫していること以上に、国家や党の責任者たちによって完全に見捨てられてしまったことによって、深くショックを受けた。彼らは町の全ての道路橋と鉄道橋を破壊して立ち去ってしまったのである。先立つ数週間、住民たちの日常には、ソ連兵が振るった暴力の体験談や噂だけでなく、とくに抵抗の約束が果たされなかったという事実も影を落としていた。このような状況において、ソ連側にとって、一九四五年四月三〇日から五月一日にかけての酒の入った夜は、今や目前となった勝利の祝賀の場となった。このような意識が、肉体的、物理的そして性的な暴力空間を開いたのである。デミーンでは、このように暴力が猛威を振るったことで、数百人が自殺するに至っている。自発的に死を選んだのは、第三帝国の後まで生きながらえようと思わないというよりは、このいずれの暴力からも逃れたいという徴であった。明らかに人々の判断能力は限界に達していた。他人の真似を強いる圧力に屈してしまった彼らに残された唯一の解決策は、溺死、縊死、手首血管切断、頭部に銃弾を打ち込むことによって、自ら死を遂げることであった。

デミーンの住民たちの悲劇に言及するのは、この調査をどちらがより犠牲者か争う論理の中に組み込むためではもちろんない。デミーンの住民たちを犠牲者として描くことは、ナチ体制の残虐行為やこれらの戦争犯罪におけるドイツ人の集団責任を否定することになるわけではない。本書の意図は、デミーンにおける時空間的な布置の重要性にこだわり、物理的暴力のメカニズムを「分解する」ことである。ミクロヒストリーのレベルにおいては、暴力は、把握するのに極めて混合的で複合的な現象であることに気づかされる。暴力は、我々が特定を試みてきた一定数の変数に連関している。その変数とは本来は闘争的ではなかった対立状況によって生み出された感情的緊張、関与した人間の数、暴力が展開する空間的布置などである。第二次世界大戦、そしてとりわけ東部戦線におけるこの破滅的戦争は、暴力に慣れた行為者、もしもの時には暴力に訴える用意のある行為者たちを生み出した。ここにおいてこそ、マクロのレベルがミクロのレベルに結節するのであり、戦争経験と暴力的状況とを結びつけなければならないのだ。デミーンは、戦争の最終盤まで町が爆撃や暴力を免れていたという点で、興味深い事例研究の対象である。ドイツ軍の部隊は、デミーンを放棄し、橋を爆破してしまったことで、町を、出口のない潜在的な暴力空間に変容させてしまったのである。この行動はソ連軍に、彼らが待ち伏せ攻撃に遭う危険があるという印象を与えてしまった可能性がある。それに加えて、地元の政治当局者が町を卑怯にも見捨ててしまったことで、交渉による降伏の可能性が消え去ってしまった。実際、デミーンを地獄に変貌させる全ての条件が揃ってしまったが、これは選べた道の一つにすぎなかった。進軍を続ける可能性を奪われたソ連軍もまた、窮地に陥ったのである。この足止め状態がフラストレーションを生み出し、それが酒の力で、暴力の嵐へと解放されてしまったのである。この荒れ狂った状態こそが、筆者がこの歴史調査において証言を突き合わせることで把握しようとしたことである。このように、デミーンの自殺者たちの歴史は、戦争状態における暴力のメカニズムについて考察するために寄与することになろう。

（1）André Loez（dir.）, *Mondes en guerre. Tome III: Guerres mondiales et impériales, 1870- 1945*, Paris, Passés composés, 2020.
（2）Henry Rousso, *La dernière catastrophe. L'histoire, le présent, le contemporain*, Paris, Gallimard, 2012.
（3）Charles S. Maier, « Mémoire chaude, mémoire froide. Mémoire du fascisme, mémoire du communisme », *Le Débat*, 2002/5, n° 122, p. 109-117.
（4）C. Browning, *Des hommes ordinaires... op. cit.*［『普通の人々』前掲邦訳書］.
（5）ショアーについては、ニコラ・マリオとクレール・ザルクの、ランスのユダヤ人についての注目すべき研究を参照されたい。Nicolas Mariot, Claire Zalc, *Face à la persécution. 991 Juifs dans la guerre*, Paris, Seuil, 2010.
（6）J. Baberowski, *Räume der Gewalt, op. cit.*, p. 177-178.
（7）暴力の混合的性質については、クリスティアン・アングラオとジャーナリストのフィリップ・プティの対話を参照されたい。Philippe Petit, *Les urgences d'un historien. Conversation avec Philippe Petit*, Paris, Les Éditions du Cerf, 2019, p. 80 et suivantes.

謝辞

本書はそもそも、デミーンの辛い集合的記憶を調査し、一連の記事やルポルタージュとしてまとめたドイツ人ジャーナリスト、ギーゼラ・ツィンマーとの交流によって生まれたものである。彼女のおかげで筆者は、公共空間でこの悲劇が認知されることにデミーン市のレベルで尽力してきたカルステンス・ベーレンスとやりとりができるようになった。郷土史協会の会長として、彼はシュティッヒ運河の近くの赤いチューリップ畑を再生するため主要な役割を果たしていた。彼は、本書の一次史料のコーパスを作成する際に、貴重な協力をしてくれた。写真蒐集家のヴォルフガング・フーアマンは、カール・トレッティンの写真コレクションの利用を可能とし、筆者に掲載を許可してくれた。

ピエール・ノラには、最初から本書の企画を支持し、読者が躓いてしまうような過度に理論的な部分を本文から削るよう助言してくれたことに感謝する。ロランス・ガントワは、本書においても最初の読者になってくれた。ジェラール・ドマンジュと共に、彼女が批判的な感想を伝えてくれたおかげで、いくつかの節を改善することができた。

解説　ドイツの想起の文化のなかのデミーン——戦争と暴力をどう語るか

川喜田敦子

終戦末期のデミーンとその想起

本書は、ドイツ北東部の小さな町デミーンで第二次世界大戦末期に起こった住民の大規模な自決について取り上げたものである。本書で詳しく論じられているように、一九四五年四月三〇日から五月四日にかけてソ連軍の侵攻を受けたデミーンでは、火災と暴行に誘発されるかたちで数百人規模の自殺者が出た。第二次世界大戦末期のドイツでは、ヒトラーの自殺をはじめとして、ナチの高官や地方の指導者から一般市民にいたるまで、「自殺の波（Selbstmordwelle）」[1]という言葉で語られるほどに、人々が自ら死を選ぶという事態が生じた。その数はあわせて数万人にのぼるとされる。[2]なかでも、本書で扱われたデミーンは多くの自殺者を出した町として知られる。

メクレンブルク・フォアポメルン州に位置するデミーンは、第二次世界大戦後、東ドイツの領域に入った。著者エマニュエル・ドロアが「前書き」で、「悲劇の歴史は、終戦後には沈黙を強いられ、東ドイツの時代には、独ソ友好の名の下に、「都合の悪い記憶」（リクール）へと変容させられてしまった。このトラウマは、集団的には抑圧され、個々人としても肉体や脳の中に肉体的、心理的傷跡の形で残ることがあっ」（一〇頁）たと述べているように、大量の自殺者を出したデミーンの占領というテーマは、東ドイツ時代にはタブーとなった。

大戦末期のデミーンの出来事について語られるようになったのは、東西ドイツ統一以降のことである。ナチ時代を想起するにあたって、ドイツの被害よりも加害を前面に出すことが規範となった西ドイツ時代に対して、統一以降、ドイツの想起のあり方は確かに変化し、ドイツの被害の側面に言及されることが増えた。第二次世界大戦にまつわるドイツの被害といえば、ドレスデン、ハンブルク、プフォルツハイムをはじめとする諸都市が受けた空襲と、一二〇〇万人にのぼるドイツ人の東方からの「追放」——戦後処理のなかで割譲させられた旧東部領および東欧一帯からドイツ系住民が強制移住させられたこと——が挙げられる。[3] 統一以降、ドレスデン空襲の想起が極右勢力に利用されるようになり、空襲記念日の二月一三日に極右政党とその支持者らによる大規模なデモが組織され対抗デモと衝突したり、[4]「追放」の被害者の組織がドイツ人の東方からの「追放」に関する記念館の設立を提案して大きな議論になったりなど、[5] 第二次世界大戦をめぐる被害の記憶が全般的に活性化するなかで、デミーンもまた注目を浴びることになった。

本書のなかでも紹介されているが、デミーンの地方史家ノルベルト・ブスケ（Norbert Buske）が住民の証言をもとにまとめた『デミーンの終戦　１９４５年　報告・回想・資料』[6] の初版が出されたのは一九九五年のことである。その後、デミーンについて報道などで触れられることが増え、近年では、デミーン市地方博物館が『デミーンの終戦　１９４５年　困難なテーマと向き合う』[7] を出版したほか、ジャーナリストのフローリアン・フーバー（Florian Huber）の歴史ルポルタージュ、[8] 作家ヴェレーナ・ケスラーの小説でも[9] デミーンの出来事が取り上げられている。それどころか、デミーンをめぐる想起は、「地元の急進右翼と極右によって政治的道具として利用」（一五〇頁）されるにいたっていると著者が述べるような状況である。ドイツにおける第二次世界大戦終結の日である五月八日には、デミーンの町中で極右勢力のデモが行われ、それに対抗する勢力とのあいだで緊張が生じるという事態になっている。

行使された暴力・行使した暴力

デミーンに焦点を合わせ、自殺した者たちとそれを目にした人々の証言を子細に見ていくことは、空襲や「追放」をテーマ化することと同様に、不可避的にドイツの一般大衆の被害をクローズアップすることにつながる。デミーンの出来事を扱おうとする者が意図していようともいなかろうとも、デミーンを焦点化することはドイツの想起の文化のなかで否応なく相応の意味をもつことになる。このことを念頭に、ミュンヒェン現代史研究所（ベルリン支部）のスヴェン・ケラー（Sven Keller）は、フーバーのルポルタージュに対して、「この本のなかではドイツ人によって行使された暴力が実質的に何の役割も果たしていない」と批判する[10]。

ナチ時代に「ドイツ人によって行使された暴力」とは何か。誰もが知るのはナチ時代のユダヤ人大量虐殺であろう。ヨーロッパでは約六〇〇万人のユダヤ人がナチ・ドイツのユダヤ人絶滅政策の犠牲となった。デミーンについて考えるうえでキーワードとなる「自殺」についても、たとえばドイツ軍の侵略・占領を前に、たとえば東欧への移送を逃れようとして、たとえば強制収容所のなかで、自ら死を選んだユダヤ人は多数にのぼる。ドイツ・ユダヤ人の自殺率はナチ時代全体を通じて一・五％に達するといわれる[11]。また、デミーンで起こったこととより密接に関係する可能性がある暴力としては、ソ連との戦争がイデオロギー的な絶滅戦争の色彩を帯びたことを指摘しておく必要があるだろう。独ソ戦において、ドイツはソ連で飢餓作戦、焦土作戦を展開した[12]。ソ連兵捕虜は戦争捕虜のなかでもとりわけ劣悪な扱いを受け、ナチ・ドイツの犠牲者としてはユダヤ人に次ぐ被害を出した集団として位置づけられる。ドイツに降伏した五三〇万〜五七〇万人のソ連兵捕虜のうち命を落とした者は二六〇万〜三三〇万人にのぼるとされる。[13] それ以外の戦争捕虜の死亡率が二パーセント程度であったことを考えると、ソ連兵捕虜の死亡率の高さは異様としか言いようがない。

「ドイツ人によって行使された暴力」が第二次世界大戦期全体におよぶとするならば、「ドイツ人に対して行使された暴力」として想起されるものは、——デミーンの出来事をはじめとして——大戦末期から終戦後に集中している。だからこそ、第二次世界大戦終結四〇周年記念式典で当時の西ドイツ大統領リヒャルト・フォン・ヴァイツゼッカー（Richard von Weizsäcker）は、戦争と暴力支配の死者を悼むにあたって、まずはユダヤ人、次いでソ連の市民に言及し、「ドイツが始めた戦争によってまずは他国の国民が犠牲になり、次いで私たち自身が自分たち自身の［引き起こした］戦争の犠牲になったのです」と述べたのである。[14] ここには、ナチ体制の成立以降に行われた迫害や虐殺のすべてを忘れて、大戦末期の自国民の被害体験のみに意識が偏ることのはらむ危うさへの警戒がある。

本書の特色

そうしたことを考えたとき、デミーンがドイツにおいては扱いの難しいテーマであることが分かる。その難しさを熟知している本書の著者ドロアは、第二次世界大戦とそれをめぐるドイツの想起の文化を外部から観察する者として、デミーンの出来事を本書でどのように扱おうとしているのだろうか。

本書の特徴の第一は、ソ連兵の暴力行為に対する見方であろう。ドイツ北東部へのソ連軍の侵攻は、ドイツではその暴力性とそれが生んだ多大な被害とともに想起される。とくに前線を逃れようとする避難民の女性やベルリンをはじめとする占領地域での性暴力のイメージは今日にいたるまで極めて強く残存している。ナチ時代に造詣の深いドイツ史家ウルリヒ・ヘルベルトは、ソ連兵の暴力をめぐる戦後ドイツのこのような想起のあり方について、ナチ・ドイツによるソ連への侵略を赤軍兵士の性暴力によって相殺しようとするものだと批判的に評したことがある。連合国兵士による性暴力被害がソ連兵だけに限られたものではなかったことについては、近年、指摘されるようになりつつあるが[15]、「ソ連兵の暴力」のどこまでが史実と見るべきものであり、どこからが第二次世界大戦後に冷戦の論理によって増幅された認識の歪みであるかについては、今はまだ明確に確定されるにはいたっていない。

本書の著者は、ソ連兵の暴力行為を否定するわけではない。しかし、ソ連兵のもつ憎悪や報復感情、ソ連兵の生来の「野蛮さ」「粗暴さ」といった、大戦末期のソ連兵の暴力行為を説明するときに引き合いに出されがちな単純な見方に対して再三にわたって反論を加え、暴力は必然ではなかったと繰り返す。「状況こそが加害者と被害者の間に起きたことを説明する」(一六〇頁)というイェルク・バベロフスキの言葉を引きながら著者が重視するのは、デミーンが置かれた具体的な状況、なかでも、ドイツ側の権力の不在、町中に溢れかえった大量の兵士、そしてそれらのソ連兵たちの心理的な弛緩である。権力者が去ったデミーンでは、交渉による降伏の可能性が失われるなか、ドイツ軍によって橋が爆破されたことでさらなる前進を阻まれた大量のソ連兵が町にとどまることになり、彼らの恐怖心とフラストレーションとアルコールによる弛緩が暴力の暴発を招いた。著者は、町を放棄し、橋を爆破したドイツ軍の行為がデミーンを「出口のない潜在的な暴力空間に変容させてしまった」(一六二頁)と評価する。ソ連兵の暴力行為を彼らの「性向」に還元することなく、それがいかなる条件の下に引き起こされたのかを問い、検証しようとする姿勢は本書の大きな特徴といえよう。

本書の特徴の第二は、住民の大量自殺をどう見るかにある。ここで注目したいのは、著者が、「ソ連兵たちによる強姦と火災という戦争暴力が重なり〔中略〕町の多くの住民たちの絶望を引き起こした」（一三三頁）と述べながらも、「自殺」という選択肢が当事者のなかにすでに長きにわたって存在していたと見ていることである。そのことは、著者が「自殺という考えは、純然たる暴力へ傾いていく時に直ちに生まれたものではない。それは数ヶ月の間漂って」（一三六頁）いたものなのだと述べていることからも分かる。

著者の関心は、デミーンの事例を用いながら、戦時に暴力が発生するメカニズムに迫ることにある。そこには一般化への欲求を見て取ることができるが、同時に、その議論をミクロのレベルの事例から組み立てようとするところが本書の特徴であり、そこには、第二次世界大戦末期の崩壊状況をめぐるドイツの想起のなかでは霞みがちな、暴力と絶望の空間をドイツ側もまたそこに関与して作り出したのだという視点が鮮やかに浮かび上がることになる。

（1）一例として、Evangelische-Lutherische Kirche in Norddeutschland, „Eine Selbstmordwelle ohne Beispiel" am Ende des Kriegs. https://www.nordkirche.de/nachrichten/nachrichten-detail/nachricht/eine-selbstmordwelle-ohne-beispiel-am-ende-des-kriegs/

（2）邦語で読める文献のなかでは、リチャード・ベッセル『ナチスの戦争　1918-1949』（大山晶訳）中公新書、二〇一五年の第四章で大戦末期のドイツ人の自殺についてある程度詳しく触れられている。

（3）川喜田敦子『東欧からのドイツ人の「追放」――20世紀の住民移動の歴史のなかで』白水社、二〇一九年。

（4）極右勢力によるデモに対しては、多くの市民が「人間の鎖」を作ってネオナチに反対する意思を表明するという行動もとられている。柳原伸洋「ドレスデン空襲の公的記憶の変遷と拡がり―コヴェントリーとの関係を中心に」石田勇治・福永美和子編『想起の文化とグローバル市民社会』勉誠出版、二〇一六年、二三五-二五二頁。

（5）この構想は、ヨーロッパ史の文脈を意識する形で財団「逃亡・追放・和解」の資料センターとして具体化され、同センターは二〇二一年六月にベルリンにて開館した。川喜田敦子「ポーランドとの和解に向けて――『追放』の長い影」石田・福永編『想起の文化とグローバル市民社会』一六五－一八四頁。

（6）Buske, Norbert, *Das Kriegsende in Demmin 1945. Berichte, Erinnerungen, Dokumente*, Schwerin: Helms, 1995.

（7）Clemens, Petra / Scherstjanoi, Elke, *Das Kriegsende in Demmin 1945. Umgang mit einem schwierigen Thema*, Demmin: Demminer Regionalmuseum, 2013.

（8）Huber, Florian, *Kind, versprich mir, dass du dich erschießt. Der Untergang der kleinen Leute 1945*, Berlin: Berlin Verlag, 2015.

（9）Kessler, Verena, *Die Gespenster von Demmin. Roman*. Berlin: Hanser Berlin, 2020.

（10）Keller, Sven, Florian Huber: Kind, versprich mir, dass du dich erschießt. Der Untergang der kleinen Leute 1945, Berlin: Berlin Verlag 2015, in: *sehepunkte*, 16 (2016), Nr. 4. http://www.sehepunkte.de/2016/04/28784.html

（11）Haenel, Thomas, *Amok und Kollektivsuizid. Selbsttötung als Gruppenphänomen*, Paderborn: Fink, 2012, S. 23.

（12）Frieser, Karl-Heinz（Hrsg.）, *Das Deutsche Reich und der Zweite Weltkrieg*. Bd. 8, *Die Ostfront. 1943/44. Der Krieg im Osten und an den Nebenfronten*, München: Deutsche Verlags-Anstalt, 2007.

（13）Keller, Rolf, Sowjetische Kriegsgefangene im Deutschen Reich 1941/42. Leben und Sterben im Spannungsfeld von Vernichtungspolitik und kriegswirtschaftlichen Erfordernissen, in: *Zeitschrift für Weltgeschichte. Interdisziplinäre Perspektiven*, Jg. 12, Heft 1（2011）, S. 91-92.

（14）Gedenkveranstaltung im Plenarsaal des Deutschen Bundestages zum 40. Jahrestag des Endes des Zweiten Weltkrieges in Europa. https://www.bundespraesident.de/SharedDocs/Reden/DE/Richard-von-Weizsaecker/Reden/1985/05/19850508_Rede.html

（15）Stelzl-Marx, Barbara / Satjukow, Silke（Hrsg.）, *Besatzungskinder. Die Nachkommen alliierter Soldaten in Österreich und Deutschland*, Wien: Böhlau, 2015 のなかではソ連だけでなくその他の連合国によって占領された地域での状況が扱われている。ただし、Gebhardt, Miriam, *Als die Soldaten kamen. Die Vergewaltigung deutscher Frauen am Ende des Zweiten Weltkriegs*, München: DVA, 2015 については、ソ連兵による暴力を過小評価しすぎだとの批判を受けている。

訳者あとがき

本書は、Emmanuel Droit, *Les suicidés de Demmin. 1945, un cas de violence de guerre*, Ed.Gallimard, 2021 の全訳である。第二次世界大戦に付随した悲劇というと、アウシュヴィッツと広島、長崎が真っ先に浮かぶ。もちろん、その他にも無数に存在するが、本書のテーマのデミーンの悲劇については、おそらく多くの日本人読者には初めて接する出来事ではないだろうか。ただし、戦争末期の集団自殺というと、著者が日本の読者向けに寄せた序文でも言及されているサイパン島や、満洲そして沖縄での悲劇を思い起こす読者もいるだろう。

著者のエマニュエル・ドロア氏は、現在、ストラスブール政治学院の教授で、主に東ドイツの歴史を専門としている。本書の翻訳企画は、人文書院の井上裕美さんからの提案が発端であったが、実は訳者は著者に面識があった。一〇年ほど前に勤務先の大学の大学間交流の交渉先としてレンヌ大学を訪問する機会があったのだが、そこで関係者との面談に加えて、学生向けの講演を依頼されていた。講演の場となったのが、当時レンヌ大学に在職していたドロア氏が担当する演習講義であった。残念ながら、レンヌ大学訪問の目的であった大学間交流協定の締結には至らなかったが、当時注目していた仏独共通歴史教科書に絡めて、東アジアでの歴史認識問題をドロア氏や学生たちと議論したことを憶えている。

原著が出版されたのは二〇二一年であるが、翻訳の打診があったのが二〇二二年一月二四日で、ウクライナ戦争開始のちょうど一月前のことであった。当然、原著の執筆にも、また翻訳企画にもウクライナ戦争との関連はない。しかし本書が、急速に広まった「ロシア悪玉論」に便乗するととられるのではという懸念を感じたのも事実である。本書の中でも著者は繰り返し述べているが、戦争暴力を安易に、「ソ連兵の生来の暴力性」に結びつけることは避ける必要がある。とりわけ満洲やサハリンなどで、日ソ中立条約を一方的に破棄して侵攻したソ連軍という記憶を持つ日本人読者を想定すれば、なおのことであろう。

本書の元々の意図は、著者が述べているように、第二次世界大戦の知られざる側面をフランスの読者に伝えることであるが、リアルな戦争との関わりは、大戦期間の大半をドイツ占領下で過ごしたフランス人以上に、日本人の方が大きかったのではないだろうか。特に独ソ戦への関心が近年高まっている。大戦の中でも最大の激戦であり、全体の帰趨を決めた独ソ戦については、通史、個人史そして小説の題材として注目されている。(1) さらに、ウクライナ戦争という現実の戦争の展開、という状況は、タイミングが重なりすぎているとも言えるかもしれない。もちろん、プーチンが主張する、あたかも第二次世界大戦の大義を継承しているかのような、ウクライナの非ナチ化というスローガンを肯定するつもりはない。しかしながら、彼の主張の根底にある大祖国戦争、つまり独ソ戦の意味については振り返る価値があるだろう。

パリの地下鉄に「スターリングラード」という駅名がある。スターリンについては、ソ連においても死後、その独裁に対する批判がなされ、彼の名を冠したスターリングラードの地名がボルゴグラードに変更されたことが知られている。そのスターリンの名前がパリに残っていることには、少なくとも外国人観光客は不思議に思うのではないだろうか。これについてはフランス人の友人に質問したことがある。

返って来た答えは「（駅名が由来する近くの広場の）名前は、スターリンに捧げられているのではなく、スターリングラードの市民に捧げられている」とのことであった。つまり、第二次世界大戦の帰趨を決めたスターリングラードの戦いを記念しているのであって、スターリンの名前は無関係ということである。いずれにせよ独ソ戦が、フランス人にとってもナチスドイツ打倒において最も重要なものであったという認識が共有されていることが確認できる。

このような独ソ戦の末期が敗戦国ドイツの住民にとって悲惨なものであったことは、アジア・太平洋戦争末期の苦難を経験した日本人にとっても想像に難くない。ただ、日本の場合は広島、長崎の原爆をはじめ東京、大阪など全土に渡る空襲を経験したという戦争被害の記憶が前面に押し出され、それが戦後の平和主義の礎にもなったという状況がある。他方、ドイツでは、ドレスデンやハンブルクの大空襲や、東部からの追放という悲劇を経験したにもかかわらず、戦後前面に出されたのは、史上最悪の犯罪行為を行ったナチスドイツという加害者の側面であった。確かに空襲被害では、ドイツより日本の被害が大きかったかもしれないが、追放に関しては、同じく満洲から追放を経験した日本と比べるとドイツの場合は、ナチスドイツによる侵攻、占領対象の区域をはるかに超えて中世以来ドイツ人が定住していた地域からの大量追放で、その規模は満洲からの日本人追放とは桁違いであった。

本書は、独ソ戦末期のドイツ人の悲劇に光を当てるものであるが、それでは、これはドイツの戦争犯罪を相対化することなのであろうか。この点については、オンラインで直接訳者と面談した著者も、明確に否定している。さらに、集団自殺を誘発した背景に指摘されるソ連兵の暴力行為を強調することで、ロシア人の生来の粗暴さ、というようなステレオタイプに便乗することは是非とも避けなくてはならない。著者が何度も本書の中で強調しているように、戦時暴力の発生は、国民性から演繹されるような単純な因果関係で説明されるものではなく、さまざまな状況要素が重なった中で理解されるべきものなのである。

もちろん、ウクライナ戦争に関する日々の暴力行為のニュースに接する我々は、特定の民族の暴力性という説明に説得力を感じるという誘惑にさらされているのも事実である。しかし、このような状況であるからこそ、戦時暴力の実態に向き合い、その発生状況を検討する意義があると思われる。戦争は本来的に暴力行為を伴うものであるが、それが理不尽なまでに爆発する状況には、戦争末期の混乱、具体的には責任者の現場放棄、戦争終結機会の喪失などがはっきりと読み取れる。そして袋小路に陥った絶望的状況が、集団自殺をもたらしたのである。まさに、数ある戦争暴力の悲劇の中でも、未然に防ぐことが可能であった悲劇が集団自殺であったということは、同様の悲劇を経験した日本人には実感できるのではないだろうか。つまり戦争指導者の責任であり、戦争終結を遅らせた政治家の責任である。

本書の翻訳に際しては、解説者として川喜田敦子氏、共訳者として藤森晶子氏の協力を仰いだ。近年、関心が高まっている独ソ戦末期に関する本書の解説は、東欧からの「追放」研究の第一人者である川喜田氏以外に適任者はおられないと考えていただけに、快諾いただけたことを感謝したい(2)。藤森氏は、訳者と同じくフランス現代史を専門とするが、ドイツ占領下のフランスで解放時に起こった女性の丸刈りについての優れたルポルタージュの実績があり、同じく女性が被った戦時暴力をテーマとした本書の翻訳者として最適と考えた(3)。翻訳作業は、一章から三章までを藤森氏、前書き、序章、四章以降を剣持が担当したが、相互点検作業には翻訳作業以上に時間をかけた。なお、引用は邦訳書がある場合も文脈にあわせて一部変更した。点検作業では、フランス語の適切な翻訳に加えて、直訳調に傾きがちな剣持の訳を何度も藤森氏に修正していただいた。川喜田氏も藤森氏も、訳者が携わってきた公共史の共同研究の企画ではたびたび協力してもらっている。(4) 本書も、最先端の歴史研究の成果の一端を広く一般読者に伝えるという意味での「公共史」の一翼を担えればと密かに願っている。最後に、last but not least、本書は、最初にご提案いただいた井上さん抜きには日の目を見なかった。訳文全体を通して適切なアドバイスをくださったことを含めて改めて感謝したい。

二〇二三年一月

剣持久木

(1) 大木毅『独ソ戦――絶滅戦争の惨禍』(岩波新書、二〇一九年)、スヴェトラーナ・アレクシエーヴィチ『戦争は女の顔をしていない』(岩波現代文庫、二〇一六年)、逢坂冬馬『同志少女よ、敵を撃て』(早川書房、二〇二一年) など、いずれもベストセラーになっている。

(2) 川喜田敦子『東欧からのドイツ人の「追放」 20世紀の住民移動の歴史のなかで』(白水社、二〇一九年)

(3) 藤森晶子『丸刈りにされた女たち――「ドイツ兵の恋人」の戦後を辿る旅』(岩波書店、二〇一六年)

(4) 川喜田敦子「ドイツ現代史の記述と表象――「ジェンレーション・ウォー」から考える歴史認識の越境化の諸相」剣持久木編『越境する歴史認識――ヨーロッパにおける「公共史」の試み』(岩波書店、二〇一八年)、ユベール・ティゾン「フランスでショアーを教えること」藤森晶子・剣持久木訳『歴史地理教育』八六二号 (二〇一七年三月増刊号)

Florian Huber, *Kind, versprich mir, dass du dich erschießt. Der Untergang der kleinen Leute 1945*, Berlin, Berlin Verlag, 2015.

Christian Ingrao, *Croire et détruire : Les intellectuels dans la machine de guerre SS*, Paris, Fayard, 2010.［クリスティアン・アングラオ『ナチスの知識人部隊』吉田春美訳、河出書房新社、2012 年］

Christian Ingrao, *La promesse de l'Est : Espérance nazie et génocide (1939- 1943)*, Paris, Seuil, 2016.

Christian Ingrao, *Le soleil noir du paroxysme. Nazisme, violence de guerre, temps présent*, Paris, Odile Jacob, 2021.

Ian Kershaw, *La fin. Allemagne (1944-1945)*, traduit de l'anglais par Pierre-Emmanuel Dauzat, Paris, Seuil, 2012.［イアン・カーショー『ナチ・ドイツの終焉　1944-45』宮下嶺夫訳、白水社、2021 年］

André Loez (dir.), *Mondes en guerre. Tome III : Guerres mondiales et impériales, 1870-1945*, Paris, Passés composés, 2020.

Nicolas Mariot, « Faut-il être motivé pour tuer ? Sur quelques explications aux violences de guerre », *Genèses*, 2003/4, n° 53, p. 154-177.

Samuel Marshall, *Men Against Fire. The Problem of Battle Command*, New York, W. Morrow, 1947.

Reinhard Rürup (dir.), *Erobern und Vernichten. Der Krieg gegen die Sowjetunion 1941-1945*, Berlin, Argon, 1991.

Demminer Regionalmuseum (dir.), *Das Kriegsende in Demmin 1945. Umgang mit einem schwierigen Thema*, Demmin, Demminer Regionalmuseum, 2013.

Elke Scherstjanoi, *Rotarmisten schreiben aus Deutschland. Briefe von der Front (1945) und historische Analysen*, Munich, Saur, 2004.

Elke Scherstjanoi, *Sieger Leben in Deutschland, Fragmente einer ungeübten Rückschau. Zum Alltag sowjetischer Besatzer in Ostdeutschland 1945-1949*, Gransee, Schwarzbeck, 2020.

Daniel Siemens, *The Making of a Nazi Hero : The Murder and Myth of Horst Wessel*, Londres, I.B. Tauris, 2013.

Timothy Snyder, *Terres de sang. L'Europe entre Hitler et Staline,* traduit de l'anglais par Pierre-Emmanuel Dauzat, Paris, Gallimard, 2012.［ティモシー・スナイダー『ブラッドランド――ヒトラーとスターリン　大虐殺の真実』上、下、布施由紀子訳、ちくま学芸文庫、2022 年］

Bernd Wegner, « Hitler, chorégraphe de l'effondrement du Reich », *Vingtième Siècle. Revue d'histoire*, n° 92, 2006/4, p. 67-79.

Göttingen, Vandenhoeck & Ruprecht, 2002.

Walter Benjamin, « Critique de la violence », *in* W. Benjamin, *Œuvres I : Mythe et violence*, traduit de l'allemand par Maurice de Gandillac, Paris, Denoël, 1971, p. 121-148.［ヴァルター・ベンヤミン『暴力批判論 他十編　ベンヤミンの仕事1』野村修訳、岩波文庫、1994年］

Christian Goeschel, *Suicide in Nazi Germany*, Oxford, Oxford University Press, 2009.

Heinz-Gerhard Haupt (dir.), *Geschichte und Emanzipation. Festschrift für Reinhard Rürup*, Francfort/Main, 1999, p. 482-416.

Georges Minois, *Histoire du suicide. La société occidentale face à la mort volon- taire*, Paris, Fayard, 1995.

ナチズムと戦時暴力に関する著作，論文

Holger Afflerbach, *Die Kunst der Niederlage. Eine Geschichte der Kapitulation*, Munich, Beck Verlag, 2013.

Martin Broszat, « Hitler und die Genesis der Endlösung », *Vierteljahrshefte für Zeitgeschichte*, 25, 1977, p. 739-775.

Christopher Browning, *Des hommes ordinaires. Le 101ᵉ bataillon de réserve de la police allemande et la solution finale en Pologne*, traduit de l'anglais par Élie Barnavi, Paris, Les Belles Lettres, 1994.［クリストファー・R・ブラウニング『普通の人びと――ホロコーストと第101警察予備大隊』谷喬夫訳、ちくま学芸文庫、2019年］

Allan Bullock, *Hitler und Stalin. Parallele Leben*, Berlin, Siedler Verlag, 1991.［アラン・ブロック『ヒトラーとスターリン――対比列伝』鈴木主税訳、草思社文庫、全4巻、2021年］

Masha Cerovic, *Les enfants de Staline. La guerre des partisans soviétiques (1941-1944)*, Paris, Seuil, 2018.

Johann Chapoutot, Christian Ingrao, *Hitler*, Paris, PUF, 2018.

Bernhard Fisch, *Nemmersdorf im Oktober 1944. Was in Ostpreußen tatsächlich geschah*, Berlin, Edition Ost, 1997.

Dave Grossman, *On Killing. The Psychological Cost of Learning to Kill in War and Society*, Boston, Little Brown, 1995.［デーブ・グロスマン『戦争における「人殺し」の心理学』安原和見訳、ちくま学芸文庫、2004年］

Benjamin Herzog, « Am Scheitelpunkt des sacrificiums : Politische Opferlogiken und Opfersemantiken in Deutschland in der Zeit der Weltkriege », *Militärgeschichtliche Zeitschrift*, 78-1, 2019, p. 19-54.

Theodor Schieder (éd.), *Die Vertreibung der deutschen Bevölkerung aus den Gebieten östlich der Oder-Neiße*, Bundesministerium für Vertriebene, Bonn, 1953.

Ortwin Buchbender, Reinhold Sterz (dir.), *Das andere Gesicht des Krieges. Deutsche Feldpostbriefe 1939-1945*, Munich, Beck, 1982.

Albert Speer, *Erinnerungen,* Frakfurt / M-Berlin-Wien, Ullstein, 1976.［アルベルト・シュペーア『第三帝国の神殿にて―ナチス軍需相の証言』上、下、品川豊治訳、中公文庫、2020 年］

Joseph Staline, *Über den Großen Vaterländischen Krieg der Sowjetunion*, Berlin, Dietz Verlag, 1952.［ヨシフ・スターリン『ソ同盟の偉大な祖国防衛戦争』清水邦生訳、国民文庫、1953 年］

Leo Strauss, *Nihilisme et politique*, traduit de l'anglais par Olivier Sedeyn, Paris, Payot et Rivages, 2004.

暴力理論に関する著作

Myriam Aït-Aoudia, Antoine Roger (dir.), *La logique du désordre. Relire la sociologie de Michel Dobry*, Paris, Presses de Sciences-Po, 2015.

Hannah Arendt, « Sur la violence », *in* Hannah Arendt, *Du mensonge à la violence. Essais de politique contemporaine*, Paris, Calmann-Lévy (coll. « Agora »), 1972.［ハンナ・アーレント『暴力について―共和国の危機』山田正行訳、みすず書房、2000 年］

Jörg Baberowski, *Räume der Gewalt*, Francfort/Main, Fischer Verlag, 2015.

Teresa Koloma Beck, Klaus Schlichte, *Theorien der Gewalt. Zur Einführung*, Hambourg, Junius Verlag, 2014.

Randall Collins, *Violence. A Micro-Sociological Theory*, Princeton, Princeton University Press, 2008.

Heinrich Popitz, *Phänomene der Macht*, Tübingen, J.C.B. Mohr, 1992.

Wolfgang Sofsky, *Traktat über die Gewalt*, Francfort/Main, Fischer Verlag, 1996.

Trutz von Trotha (dir.), *Soziologie der Gewalt*, Opladen, Westdeutscher Verlag, 1997.

自殺に関する著作，論文

Jean Améry, *Porter la main sur soi. Traité du suicide*, traduit de l'allemand par Françoise Wuilmart, Arles, Actes Sud, 1996.［ジャン・アメリー『自らに手をくだし――自死について』大河内了義訳、法政大学出版局、1987 年］

Andreas Bähr, *Der Richter im Ich. Die Semantik der Selbsttötung in der Aufklärung,*

Christian Hermann (éd.), *Verflucht sei der Krieg. Tagebuch eines deutschen Soldaten 1941-1943*, Militärhistorisches Museum, Dresde, 2002.

Marta Hillers, *Une femme à Berlin. Journal 20 avril-22 juin 1945*, traduit de l'allemand par Françoise Wuilmart, Paris, Gallimard, 2006.［『ベルリン終戦日記――ある女性の記録』山本浩司訳、白水社、2017 年］

Johannes Hürter (éd.), *Notizen aus dem Vernichtungskrieg. Die Ostfront 1941/42 in den Aufzeichnungen des Generals Heinrici*, Darmstadt, WBG, 2016.

Verena Kessler, *Die Gespenster von Demmin*, Berlin, Hanser, 2020.

Kulturhistorisches Museums Rostock (éd.), *Eine Stimme aus dem Jahre 1945. Das Tagebuch von Iwan Panarin wom 27. Februar bis 9. Mai 1945*, Rostock, 2015.

Thomas Mann, *Journal 1940-1955*, traduit de l'allemand par Robert Simon, Paris, Gallimard, 2000.［トーマス・マン『トーマス・マン日記　1940-1943』森川俊夫、横塚祥隆訳、紀伊國屋書店、1995 年。トーマス・マン『トーマス・マン日記　1944-1946』森川俊夫、佐藤正樹、田中暁訳、紀伊國屋書店、2002 年。トーマス・マン『トーマス・マン日記　1946-1948』森川俊夫、洲崎恵三訳、紀伊國屋書店、2003 年。トーマス・マン『トーマス・マン日記　1949-1950』森川俊夫、佐藤正樹訳、紀伊國屋書店、2004 年。トーマス・マン『トーマス・マン日記　1951-1952』森川俊夫訳、紀伊國屋書店、2008 年。トーマス・マン『トーマス・マン日記　1953-1955』森川俊夫、洲崎恵三訳、紀伊國屋書店、2014 年］

Horst Möller, Pierre Ayçoberry (éd.), *Journal de Joseph Goebbels, 1943- 1945*, traduit de l'allemand par Dominique Viollet, Gaël Cheptou et Éric Paunowitsch, Paris, Tallandier, 2005.

Martin Moll (dir.), *« Führer-Erlasse » 1939-1945*, Stuttgart, Steiner, 1997.

Alfred Niemann, *Kaiser und Revolution : Die entscheidenden Ereignisse im Großen Hauptquartier im Herbst 1918*, Berlin, 1922.

Nikolaï Nikolaevitch Nikouline, *Soldat de l'Armée rouge (1941-1945)*, traduit du russe par Christine Zeytounian-Beloüs, Paris, Les Arènes, 2019.

Marianne Pross (éd.), *Die Einschläge kommen näher. Aus den Tagebüchern 1943-45 von Friedrich Adolf Katz, Oberbürgermeister der Stadt Pforzheim 1945-1947*, Pforzheim, Pforzheimer Hefte, 1995.

Hermann Rauschning, *La révolution du nihilisme*, traduit de l'allemand par Paul Ravoux et Marcel Stora, Paris, Gallimard, 1939.［ヘルマン・ラウシュニング『ニヒリズム革命』片岡啓治訳、学芸書林、1972 年］

Helene Sack, *Warten auf Bruno. Kriegstagebuch, 1939-1946*, Demmin-Braunschweig, Neubrandenbourg, Geros Verlag, 2000.

史料と参考文献

シュヴェリーン州立中央公文書館

(Landeshauptarchiv Schwerin)

LHA 34, *Befehl des Kommandanten der Roten Armee in der Stadt Demmin, 23.05.1945*

LHA 46, *Tätigkeitsbericht des Landrates Demmin, 03.01.1946*

ドイツ日記資料館

(Deutsches Tagebucharchiv, DTA)

DTA 131, *So war's ! Lebenserinnerungen von 1922 bis 1997* (Irene Bröker)

DTA 1344, *Kriegstagebücher von Gustav Adolf Skibbe*

DTA 1479, *Mit Stenoblock und Kübelwagen. Meine Lebensreise 1907-1972* (Gerhard Stacke)

DTA 3801,3, *Lebenserinnerungen von Maria Dieckhoff*

ハインツ＝ゲルハルト・クヴァートとエックハルト・ツァイツの個人文書

刊行されている史料，手記，証言，自伝

Heinz Boberach (éd.), *Meldungen aus dem Reich. Die geheimen Lagenberichte des Sicherheitsdienstes der SS*, Herrsching, Pawlak, 1984.

Norbert Buske (éd.), *Das Kriegsende in Demmin 1945. Berichte-Erinnerungen-Dokumente*, 2e édition (1995), Schwerin, Landeszentrale für politische Bildung Mecklenburg-Vorpommern, 2007.

Marie Dabs, *Lebenserinnerungen*, Lübeck, 1984.

Max Domarus (éd.), *Hitler — Reden und Proklamationen*, Neustadt-sur-le- Aisch, Schmidt, 1962.

Modris Elksteins, *Le sacre du printemps. La Grande Guerre et la naissance de la modernité*, traduit de l'anglais par Martine Leroy-Battistelli, Paris, Plon, 1991.［モードリス・エクスタインズ『春の祭典』金利光訳、みすず書房、2009 年］

Sebastian Haffner, *Germany : Jekyll & Hyde. 1939-1940 Deutschland von innen betrachtet,* Francfort/Main, Büchergilde, 2008.

マ　行

ラ　行

タ　行

ナ　行

ハ　行

人名索引

ナ　行

ハ　行

事項索引

著者略歴

エマニュエル・ドロア（Emmanuel Droit）

1978年生まれ。パリ第1大学博士課程終了、大学教授資格 Habilitation 取得。レンヌ第2大学准教授、マルク・ブロックセンター（ベルリン）副所長を経て現在、ストラスブール政治学院教授。専門は東ドイツ史、20世紀の共産主義。著書に *La STASI à l'école, surveiller pour éduquer en RDA (1950-1989): La STASI et la jeunesse en RDA*, Nouveau Monde Editions, 2009, *Les Polices politiques du bloc de l'Est*, Gallimard, 2019. などがある。

訳者略歴

剣持久木（けんもちひさき）

1961年生まれ。上智大学大学院文学研究科博士後期課程単位取得退学。パリ第10大学 DEA 課程修了。現在、静岡県立大学国際関係学部教授。専門はフランス現代史、歴史認識。編著に『越境する歴史認識—ヨーロッパにおける「公共史」の試み』（岩波書店、2018）、訳書にアンリ・ルソー『過去と向き合う——現代の記憶についての試論』（共訳、吉田書店、2020）などがある。

藤森晶子（ふじもりあきこ）

1979年生まれ。東京外国語大学外国語学部欧米第二課程（フランス語専攻）卒業。ストラスブール第3大学大学院への留学を経て、東京大学大学院総合文化研究科言語情報科学専攻博士課程単位取得退学。著書に『丸刈りにされた女たち——「ドイツ兵の恋人」の戦後を辿る旅』（岩波書店、2016）。

解説者略歴

川喜田敦子（かわきたあつこ）

1974年生まれ。東京大学大学院総合文化研究科博士課程修了。現在、東京大学大学院総合文化研究科教授。専門は20世紀ヨーロッパの人の移動、第二次世界大戦後のドイツの戦後処理、戦争と暴力の記憶。著書に『東欧からのドイツ人の「追放」——20世紀の住民移動の歴史のなかで』（白水社、2019）、訳書にイアン・カーショー『ヒトラー（上）——1889-1936　傲慢』（共訳、白水社、2015）などがある。

デミーンの自殺者たち
——独ソ戦末期にドイツ北部の町で
起きた悲劇

二〇二三年五月　五日　初版第一刷印刷
二〇二三年五月一〇日　初版第一刷発行

著　者　エマニュエル・ドロア
訳　者　剣持久木／藤森晶子
解　説　川喜田敦子
発行者　渡辺博史
発行所　人文書院
〒六一二-八四四七
京都市伏見区竹田西内畑町九
電話〇七五（六〇三）一三四四
振替〇一〇〇〇-八-一一〇三

装丁　間村俊一
印刷・製本　モリモト印刷株式会社

乱丁・落丁本は送料小社負担にてお取替いたします。

JIMBUN SHOIN Printed in Japan
ISBN978-4-409-51098-8 C3022

http://www.jimbunshoin.co.jp/